ああしなさい、これはだめよって口うるさくいわれて
うんざりすることもあるけれど、
きみがここにいたとき
すべてのおかあさんはこう想っていたんだよ。

元気でうまれてくれば、ほかにはなにものぞまない。

『きみのいたばしょ』サンクチュアリ出版
写真：スタジオ ネーブル　文：池田伸　絵：コヨセ・ジュンジ

とびらのことば

『きみのいたばしょ』は赤ちゃんの誕生にまつわる大切なことを教えてくれる大人と子どものための絵本です。誰もがお母さんのおなかのなかで約10か月過ごします。お母さんと子どもへの支援は、このときからさまざまなかたちで始まります。

… イメージを学びの翼に …

# 子ども家庭支援の心理学

【シリーズ知のゆりかご】 青木紀久代 編

## 執筆者一覧 （五十音順　○は編者）

○青木紀久代（あおきくよ）（社会福祉法人真生会 理事長／白百合心理・社会福祉研究所 所長）…第1章

石井　正子（いしい まさこ）（昭和女子大学）……………………………………第10章

大國ゆきの（おおくに）（東京成徳短期大学）………………………………………第6章

小嶋　玲子（おじま れいこ）（名古屋柳城短期大学）……………………………第9章

片山　伸子（かたやま のぶこ）（名古屋柳城女子大学）…………………………第2章

加藤　邦子（かとう くにこ）（浦和大学）……………………………………………第8章

金子恵美子（かねこ えみこ）（慶應義塾大学）……………………………………第3章

古志めぐみ（こし）（お茶の水女子大学）……………………………………コラム③

菅野　幸恵（すがの ゆきえ）（青山学院大学）……………………………………第7章

高橋千香子（たかはし ちかこ）（奈良学園大学）…………………………コラム②

武田（六角）洋子（たけだ ろっかく ようこ）（東京家政大学）…………………第5章

細野　美幸（ほその みゆき）（鎌倉女子大学短期大学部）………………コラム①

三好　　力（みよし ちから）（秋草学園短期大学）………………………………第4章

矢野由佳子（やの ゆかこ）（和泉短期大学）…………………………………第11章

装丁：マサラタブラ
本文デザイン：エディット
イラスト：たきまゆみ

## はじめに

　本書は、新しい保育者養成カリキュラムに対応するかたちで、保育現場で活用できる心理学をまとめたものです。

　関連するもう一つのテキスト『知のゆりかご　保育の心理学』では、どちらかというと、人の心の機能のしくみや成り立ちについて学ぶことに焦点があたっていました。一方、本書では、保育の場で子どもの発達援助や子育て支援を行う際に、必要となる心理学の知識や考え方について、より深く学べるように編集されています。

　日本の子どもの数は、減少しているにもかかわらず、保育所の待機児童や虐待被害などの問題は、むしろ社会で大きく取り上げられています。子どもを取り巻く家庭や社会の状況は複雑で、変化の激しい時代にあると言えるでしょう。

　そのようななか、環境の悪化にもめげず平均寿命は延び続け、人生100年にも迫る勢いです。保育は、長くても生後6年までの関わりが主ですが、その後の長い人生のなかで、最も大切なひと時であることに間違いありません。保育の場で出会う子どもや家庭への援助には、子どもがこの先どのように成長していくようになるのか、生涯発達的な視点や知識がますます必要とされるでしょう。

　本書では、紙幅の許す範囲で、実践的なことに役立つよう、事例や社会的な動向に関する内容も盛り込みました。現場のニーズに少しでも応えることができるなら、幸いです。

　最後に、本書の発行に向けて、みらい編集部の米山拓矢氏に、大変お世話になりました。複数の執筆者で、統一感のある一冊の本を作り上げることは、私の力量を超えるさまざまな課題がありましたが、米山氏の丁寧なサポートのおかげで、読み応えのある一冊に仕上げることができました。

　編者として、厚く御礼申し上げます。

令和元年　夏

編者　青木紀久代

# 本書の使い方

・はじめにガイドのご紹介

わたしたちと一緒にがんばりましょう！
ひよこのピーです
だるまのナナです

このテキストの学びガイドの「ピー」と「ナナ」です。
2人はさまざまなところで登場します。
ひよこのピーはみなさんにいつも「子どもの声」が聞こえるように、
だるまのナナは学習でつまずいても「七転び八起き」してくれるようにと、
それぞれ願っています。2人をどうぞよろしく。

## ①イメージをもって学びをスタートしよう。

章のはじまりの扉ページはウォーミングアップです。イメージを膨らませつつ、学びの内容の見通しをもって学習に入るとより効果的です。

出発進行〜

**第1章 生涯発達とは何か**

**この章のまとめ！ 学びのロードマップ**
- 第1節 人の発達を考えるうえで基本となる「生涯発達」の考え方を説明します。
- 第2節 生涯発達から生まれた概念である「ライフサイクル」と「ライフコース」について説明します。
- 第3節 エリクソンのライフサイクル論を説明します。
- 第4節 生涯発達の視点から見た心の問題について説明します。

**ポイント①**
本章で学ぶテーマについて、**イメージを広げる問いかけ**です。正解は1つではありません。自由にイメージを膨らませてみましょう。

**この章の なるほど キーワード**
■ **心理的発達課題**…心理学者のエリクソン（Erikson, E.H.）が提唱しました。人生を8つに分けて、それぞれの段階で獲得すべき課題があるとしたものです（p.21 図1−2参照）。

**ポイント②**
本章で学ぶ内容をぎゅっとまとめました。いわば、**学びの見通し**を示す地図です。

**ポイント③**
この章の理解の「鍵」となる**重要語句**を1つ抜き出しました。

**エクササイズ** 自由にイメージしてみてください

本章で学ぶ用語のひとつに「人生曲線」があります。一体どのような意味だと思いますか？

## ②ふりかえるクセをつけよう。

紙面にメモ欄を設けています。思うように活用してください。

大切だと思ったことや感じたことを書き込んでください。あなたの学びの足跡となります。

ふりかえりメモ：

## ③自分から働きかけるアクティブな学びを意識しよう。

本書の演習課題は「ホップ→ステップ→ジャンプ」の3ステップ形式です。このスモールステップを繰り返すことによって、アクティブラーニング（「主体的な学び」「対話的な学び」「深い学び」）の充実を目指します。

**ホップ**
**主体的にタネをまこう**
まずは箇条書きでよいので、自分の考えや調べたことを書いてみましょう。これが学びの芽となります。

**ステップ**
**対話的に芽を育てよう**
ホップで書いたものをもとに、みんなと話し合ってみましょう。

**ジャンプ**
**深めて花を咲かそう**
ホップとステップで育てたアイデアや考えを、文章にまとめたりして、実りあるものにしましょう。

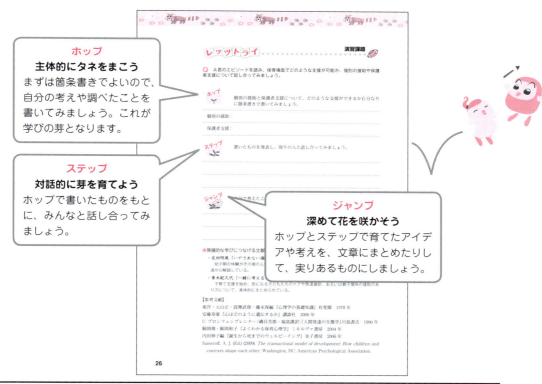

## ●エピソード（事例）について

本書に登場するエピソード（事例）は、実際の例をもとに再構成したフィクションです。登場する人物もすべて仮名です。

# 目　次

はじめに

本書の使い方

本書の構成の特徴

心理学をもとに子育て家庭をどのように支援していくかをわかりやすくまとめました。

## 第1章　生涯発達とは何か……………………………………………… 14

### 第1節　生涯発達の考え方　16
1．長寿大国・日本　16
2．生涯発達観をもった心理学　18

### 第2節　ライフサイクルとライフコース　18
1．ライフサイクルとは　18
2．ライフコースとは　19
3．ライフステージとライフイベント　19

### 第3節　エリクソンのライフサイクル論　20
1．漸成原理　20
2．心理的発達課題　21
3．複数の世代が生きる家族とライフサイクル　22
4．心の成長と心理的危機　22

### 第4節　生涯発達から見た心の問題と家族　23
1．生涯を見渡したメンタルヘルス　23
2．子どもと家族を取り巻く社会からの影響　24

●演習課題　25

コラム①　保育者のライフコース　27

## 第2章　乳幼児期から学童期前期にかけての発達………………… 28

### 第1節　乳幼児期（0～5歳児）の発達　30
1．0歳児の発達　30
2．1～2歳児の発達　34
3．3～5歳児の発達　37

### 第2節　学童期前期（5～7歳児）の発達　40
1．心身の特徴　40

2．学童期前期（5～7歳児）の課題と援助　42
- ●演習課題　43

# 第3章　学童期後期から青年期にかけての発達……………………46

## 第1節　学童期後期（8～12歳）の発達　48
　　1．心身の特徴　48
　　2．学童期後期の課題と援助　－発達障害のある子どもへの支援－　50

## 第2節　思春期の発達　51
　　1．心身の特徴　52
　　2．思春期の課題と援助　54

## 第3節　青年期の発達　56
　　1．心身の特徴　56
　　2．青年期の課題と援助　58

- ●演習課題　63

# 第4章　成人期・老年期における発達……………………………66

## 第1節　成人期の発達　68
　　1．成人期をめぐる社会状況　68
　　2．成人期の課題と援助　71

## 第2節　老年期の発達　73
　　1．老年期をめぐる社会状況　73
　　2．心身の特徴　74
　　3．老年期の課題と援助　76

- ●演習課題　77

# 第5章　子育てを取り巻く社会的状況……………………………80

## 第1節　社会と家族の変化　82
　　1．社会の変化　82
　　2．家族の変化　84

## 第2節　現代の子育ての難しさ　86

1．地域と子育て　86
　　2．祖父母と子育て　86
　　3．親準備性の問題　87
　　4．共働きと子育て　87
　　5．専業主婦家庭と子育て　88
　　6．大人の求める生活と子どもに必要な生活のギャップ　88

**第3節　保育における子育て支援　89**
　　1．預かる支援　89
　　2．つなぐ支援　90
　　3．教える支援　90
　　4．支える支援　91

**●演習課題　91**

# 第6章　家族・家庭の意義と機能、親子・家族関係の理解………94

**第1節　家族・家庭とは　96**
　　1．「家族」と「家庭」　96
　　2．家族のかたちとその変化　97
　　3．家庭の機能とその変化　98
　　4．家族観・家庭観　99

**第2節　家族関係の理解と援助 ―臨床的な視点から―　101**
　　1．家族システム理論　101
　　2．家族の発達　101
　　3．家族・家庭支援のソーシャルワーク　103

**第3節　親子の関係性の理解と援助　103**
　　1．現代の親子関係　103
　　2．愛着研究の展開から学ぶ子ども家庭支援　106

**第4節　子育て期における家族の問題　108**
　　1．誕生から出産後までのストレス　108
　　2．夫婦関係の変化　109
　　3．きょうだいの誕生　110

**●演習課題　111**

**コラム②　保育所は貧困問題の最前線　113**

## 第7章　子育ての経験と親としての育ち
　　　　　ーライフコースと仕事・子育てー……………………………………**114**

### 第1節　親になるということ　**116**
　1．育てられる者から育てる者へ　116
　2．アウェイ育児　116
　3．子育てのきしみ　118

### 第2節　ライフコースと子育て　**119**
　1．ライフコースの変化　119
　2．性役割意識の変化と子育ての現状　121

### 第3節　子どもを育てるということ　**122**
　1．親になるプロセス　122
　2．親になることによる成長・発達　124

●演習課題　**126**


## 第8章　多様な家庭形態とその理解………………………………………**128**

### 第1節　現代の多様な家庭　**130**
　1．保護者の養育力の支援の基本　130
　2．多様な家庭形態の背景と保護者の状況　131
　3．多様な家庭形態の実際　134

### 第2節　援助にあたってのポイント　**137**
　1．保育所保育指針、幼保連携型認定こども園教育・保育要領、幼稚園教育要領をふまえた援助　137
　2．多様な家庭形態に合わせた支援の実施　138

### 第3節　多様な家庭の援助につながるアセスメント　**138**
　1．養育に関するアセスメント　138
　2．養育のアセスメントと支援を循環させる　139

●演習課題　**141**


## 第9章　特別な配慮を必要とする家庭………………………………………**144**

### 第1節　特別な配慮を必要とする家庭　**146**
　1．病気や精神疾患のある親子の家庭　146
　2．障害のある親子の家庭　147

3．貧困等生活上の困難さを抱えている家庭　148
　　4．親自身の成育歴上に傷つき体験のある家庭　149
　　5．虐待が疑われる家庭　150

### 第2節　予期せぬ出来事に遭遇した家庭　151
　　1．喪失体験を経験した家庭　151
　　2．家族の構成員が変化した家庭　151

### 第3節　配慮・支援にあたってのポイント　152
　　1．傾聴の重要性　152
　　2．アセスメントの重要性　153
　　3．心の健康という視点から　154
　　4．保育所・こども園・幼稚園という場での支援　155
　　5．親の生活や生い立ちの理解という視点から　156

●演習問題　158

コラム③　ヤングケアラーの問題　161

## 第10章　発達支援の必要な子どものいる家庭　162

### 第1節　発達支援を必要とする家庭の実態　164
　　1．発達支援を必要とする子どもの増加　164
　　2．さまざまな障害の原因　164

### 第2節　発達支援を必要とする子どもを育てるということ　166
　　1．見通しのもちにくい子育て　166
　　2．子どもがもつ保護者の「親らしさ」を引き出す力の弱さ　166

### 第3節　発達の遅れや障害のある子どもをもつ家庭への支援　167
　　1．基本は早期発見・早期療育　167
　　2．障害を受容する過程に寄り添う支援　167
　　3．親としての発達の支援　170

### 第4節　医療的ケア児を育てる家庭への支援　171
　　1．医療的ケア児とは　171
　　2．医療的ケア児をめぐる課題　172

●演習課題　173

## 第11章　子どもの精神保健 …………………………………………… 174

- 第1節　子どもの生活・生育環境とその影響　176
- 第2節　子どもの心の健康に関わる症状　177
    1. 子どもの心の状態をとらえる視点　177
    2. 身体症状　178
    3. チック　181
    4. 選択性緘黙　182
    5. 心的外傷（トラウマ）　183
- 第3節　子どもの成長と回復力を支えるために　186
    1. レジリエンスとは　186
    2. 保育者が行う支援　186
- ●演習課題　187

索引　190

# 第1章
## 生涯発達とは何か

**エクササイズ**　　自由にイメージしてみてください

本章で学ぶ用語のひとつに「人生曲線」があります。一体どのような意味だと思いますか？

# 第1章 生涯発達とは何か

## この章のまとめ！ 学びのロードマップ

- 第1節
  人の発達を考えるうえで基本となる「生涯発達」の考え方を説明します。
- 第2節
  生涯発達から生まれた概念である「ライフサイクル」と「ライフコース」について説明します。
- 第3節
  エリクソンのライフサイクル論を説明します。
- 第4節
  生涯発達の視点から見た心の問題について説明します。

## この章の なるほど キーワード

■**心理的発達課題**…心理学者のエリクソン（Erikson, E.H.）が提唱しました。人生を8つに分けて、それぞれの段階で獲得すべき課題があるとしたのです（p.21 図1-2参照）。

「アイデンティティ」という言葉を聞いたことがありますよね。これはエリクソンの影響で広まった言葉です。

# 第1節　生涯発達の考え方

本章では、子どもと家庭の支援を発達心理学的な観点からとらえる際に、前提となる考え方を整理し、解説します。

## 1. 長寿大国・日本

現代社会は、長寿の時代です。厚生労働省が発表した「簡易生命表[*1]」によると、2017（平成29）年の日本人の平均寿命は女性が87.26歳、男性が81.09歳で、いずれも過去最高を更新しました。世界的に見ても、現代日本は、世界屈指の長寿国です[1)]。

死因ではがん、心疾患、脳血管疾患などが上位を占めますが、治療法も日々進歩しており、これらの病の克服が叶えば、平均寿命が数歳延びるとも言われています。

図1-1は、厚生労働省が示した「完全生命表[*2]」です。ここには世界的にも長寿の流れがはっきり見えます。第二次世界大戦後から、日本の平均寿命はずっと伸び続けてきました。1947（昭和22）年は、女性53.96歳、男性50.6歳と記録があります[1)]。この年、日本では学校給食が始まりました。子どもの栄養失調を改善するために、アメリカやユニセフから脱脂粉乳[*3]が提供されたりしていました。このような時代では、60歳の還暦を迎えられることは確かに祝うべき長寿に値するものだったと言えます。

しかしながら、戦後の平均寿命から、30年も長い人生を送るようになった今日、人間の発達に対するとらえ方も大きく転換をしました。

[*1] 日本にいる日本人について、1年間の死亡状況が今後変化しないと仮定したときに、各年齢の人が1年以内に死亡する確率や、平均してあと何年生きられるかという期待値などを、死亡率や平均余命などの指標によってあらわしたものです。つまり、0歳の平均余命が、「平均寿命」のことを示します。厚生労働省が毎年発表しています。

[*2] 5年に一度国勢調査をもとに作成される、最も正確な人口統計にもとづく生命表です。完全生命表は5年ごとにしか作成されないため、毎年推計人口にもとづいた「簡易生命表」が作成されています。

平均寿命は世界的にのびていますね。

## 第1章 生涯発達とは何か

平均寿命の国際比較

(単位：年)

| 国名 | 作成基礎期間 | 男 | 女 | (参考)人口(万人) |
|---|---|---|---|---|
| 日　　　本 (Japan) | 2015 | 80.75 | 86.99 | 12,532 |
| カ ナ ダ (Canada) | 2010-2012 | 79.4 | 83.6 | 3,585 |
| アメリカ合衆国 (United States of America) | 2014 | 76.4 | 81.2 | 32,142 |
| フ ラ ン ス (France) | 2015 | 79.0 | 85.1 | 6,440 |
| ド イ ツ (Germany) | 2013-2015 | 78.18 | 83.06 | 8,120 |
| イ タ リ ア (Italy) | 2015 | 80.115 | 84.606 | 6,080 |
| ス イ ス (Switzerland) | 2015 | 80.7 | 84.9 | 824 |
| イ ギ リ ス (United Kingdom) | 2013-2015 | 79.09 | 82.82 | 6,488 |

資料：当該政府の資料によるものである。人口は国連「Demographic Yearbook」。
注：人口は年央推計人口で、2015年の値である。ただし、日本は「平成27年国勢調査」（按分済み人口）である。

*3
生乳や牛乳または特別牛乳の乳脂肪分を除去したものから水分を除去して、粉末状にしたものです。保存性に優れ、蛋白質、カルシウム、乳糖などを含み、栄養価が高く、日本では戦後しばらくユニセフなどから援助を受け、学校給食に用いられました。写真は1947（昭和22）年の給食です（ミルク[脱脂粉乳]とトマトシチュー）。

写真提供：独立行政法人日本スポーツ振興センター

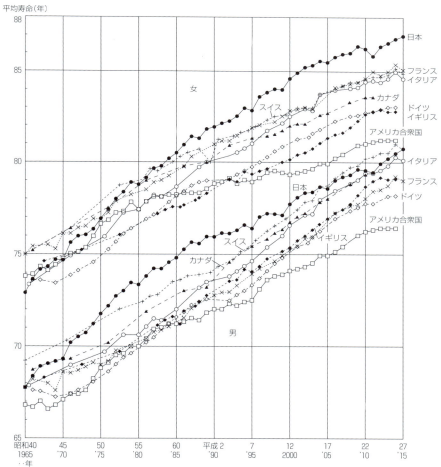

図1-1　平均寿命の国際比較と主な国の平均寿命の年次推移

資料：国連「Demographic Yearbook」等
注：1990年以前のドイツは、旧西ドイツの数値である。
出典：厚生労働省「第22回生命表（完全生命表）の概況」2017年
https://www.mhlw.go.jp/toukei/saikin/hw/life/22th/dl/22th_06.pdf

### 2. 生涯発達観をもった心理学

「生涯発達」とは、誕生から死に至るまで、人は生涯にわたって発達する存在であるとみなす考え方です。従来の発達観では、身体的な成長のように量的な増大が、発達の典型的なありようでした。心の機能もどんどんと良好になったり、知識が増えていったりというように、右肩上がりの直線的な変化でとらえられるようなものが、標準的な発達であると考えられていたのです。

しかし、生涯発達という考え方では、生物的な存在としての人間の成長は、加齢とともに衰退するけれども、年齢に応じた社会適応や心の成熟、あるいは発達の可塑性は一生涯可能だとみなします。したがって、これまでの発達観から大きく転換したと言えるでしょう。

発達心理学のなかでも、「生涯発達心理学」と呼ばれる分野がありますが、これは、生涯発達という発達観が強調されたものです。すなわち、個々の人生における人々の多様な生き方が今まで以上に肯定され、多様な発達の方向性を認めるような変化を含みながら展開しようとする心理学だと言えます。

## 第2節　ライフサイクルとライフコース

生涯発達的に、個人がどのような発達の経過をたどるのか（人生を送るのか）、一人一人で異なる多様性がありながらも、何かその法則性なり、典型性なりを抽出できないか、という考えから、「ライフサイクル」や「ライフコース」といった概念が出てきました。

### 1. ライフサイクルとは

ライフサイクルという用語は、もともと生物学の概念であり、生物における規則的・周期的な世代交代を意味していました。生物学的視点が強い発達心理学は、これを基本概念として取り入れてきた経緯があります。そのため、個人の発達が一様に繰り返される営みのようにとらえられ、そこが批判されがちでした。しかし、今日の社会変動のなかで、私たちのライフサイクルは大きく変貌を遂げています。その結果、ライフサイクルという概念も、時代と共に変化してきました。

むしろ、ライフサイクルが変わるものならば、それはどのように変化して

いるのか？という視点から議論されることが多くなっています。これによって、私たちの心の状態や発達が、生涯にわたってどれほど多くの影響を外的環境から受けているのか、自然や物理的環境はもちろん、文化や社会からの影響を含めて深く知ることができるのです。

エリクソン（Erikson, E.H.）[*4]のライフサイクル論は、その代表的な理論です。彼は、人の一生をライフサイクル（life cycle）として、生涯発達を続けるものと位置づけました。人が成長することは、各発達段階での課題を達成することだという観点を打ち出しました。どのような発達の理論なのか、次節で少し詳しく説明します。

[*4]
エリクソン（1902-1994）は自我心理学者です。精神分析の創始者であるフロイトの娘アンナ・フロイトから児童精神分析家として教育を受け、渡米後は臨床と教育に従事しました。1950年には、フロイトの心理＝性的発達理論に、社会・歴史的視点を取り入れた漸成発達論を提唱しました。とくに青年期を重視し、アイデンティティの確立、モラトリアムなどの重要な概念を提案しました。

## 2. ライフコースとは

ライフコースは、個人の人生の経路の変遷をたどることに着目します。モデル化されているライフサイクルよりも、個人の人生の多様性が強調される概念だと言えるでしょう。

ライフサイクルが生物学や心理学で発展し、1930年代に確立した概念であるのに対して、ライフコースは、社会学や歴史学で1970年代に多用されるようになりました。この概念は、個人の発達過程と歴史的時間との相互関係を問題にします。すなわち、個人の変化だけを記述するのではなくて、社会的変動によって、変化し続ける個人や家族をとらえようとするところに、強調点があるのです。

本書の第7章では、生涯における女性の子育てのスタイルが多様化することを、一人一人のライフコースの違いとして示しています。このように、生涯発達が多様な経路をたどることをライフコースで示すことができます。

## 3. ライフステージとライフイベント

ライフサイクルとライフコースには、共通するところもあります。たとえば、人生をいくつかの発達時期に区切り、ライフステージとして考えます。特に心理学では、各時期になんらかの発達の質的変化があるととらえ、これを発達段階と呼びます。

ふりかえりメモ：

また、出産、入学、受験、転校、卒業、結婚など、多くの人にとって重要な意味がある出来事をライフイベントと呼びます。いかに人間のライフコースが多様になったとしても、やはりこれらのライフイベントによってどのような体験をするかということは、その後のその人の発達に大きな意味があります。
　たとえば、個人の人生は、充実感や満足感、何らかの成功など、総じて肯定的に評価できる体験から、危機や失望、病気や事故など否定的な評価に影響するような体験まで、さまざまにあります。それらの質や強さ、あるいは人生のどの時点で体験していたのか、などが総体的に発達に影響を与えていくことでしょう。
　このような自分なりに経験してきたことをふり返り、時間軸にしたがってどのような人生のプロセスにあるのかを曲線であらわしてみることができます。「ライフライン」と呼ばれることもありますが、日本語だと別な意味にとられがちなので、ここでは「人生曲線」と呼んでおきます。人生の山あり谷ありを描くとき、人生の転機となるさまざまなライフイベントが浮かび上がってくることでしょう。

## 第3節　エリクソンのライフサイクル論

### 1. 漸成原理

　エリクソンの理論では、漸成原理（epigenetic principle）という考えが重要なポイントとなっています。すなわち、身体の成長に順序性があるように、心の発達にも順序があると考えました。人はあらかじめ組み込まれた生物学的な成長を、時間軸に沿って順番に進行させていきますが、この過程においてある部分の発達が顕著な時期（段階）があります。
　ライフサイクル論のもつこのような観点に対して、人々の多様な人生の様相を画一的なものに狭めてしまうという批判があることは、先述した通りです。しかし、エリクソンの発達観は、単に未熟なものが、次第に加算的に成長していくことのみをとらえるものではありません。
　人生には、誕生から死という、決して変えることのできない時間の限定があります。エリクソンは、あくまでその有限の時間のなかでの発達というものを、1つの大きなまとまりととらえています。それが次第に分化し、複雑に組み替えられてゆくプロセスとして見ているのです。だからこそ、一人一人の多様な人生を描けるのだと考えていることを強調したいと思います[2]。

＊5
フロイト（1856-1939）はウィーン出身の精神科医であり、精神分析の創始者です。神経症患者の治療から、神経症の発生メカニズムの解明と治療法を考案しました。また、パーソナリティ発達に関する多くの理論を提唱しました。

## 2. 心理的発達課題

エリクソンは、フロイト（Freud, S.）[*5]が心の発達を生物的な個人の発達段階に対応させた発想を拡張しました。つまり、それぞれの段階にある個人にとって重要な社会や対人関係から獲得される、心理的発達課題に結びつけたのです[3) 4)]。

各発達段階をおよそ個人の年齢区分にしたがいながら、8つに設定しています（図1－2）。彼の複数ある著作によって、命名や訳にばらつきがあるのですが、本章では図1－2の用語としておきます。各発達時期は、乳児期（0～1歳）、幼児期初期（～2・3歳）、遊戯期（～5・6歳）、学童期（～11・12歳）、青年期（～22・23歳）、成人前期（～30歳）、成人後期（～60歳）、老年期（60歳～）となっています。それぞれの発達課題のおよその内容については、本書のいろいろなところでとりあげられています。

この図で示されるように、人生のほぼ半分の課題は、学童期までには達成されてしまいます。特に、乳幼児期の6年間の子どもたちが取り組む心理的

それぞれの段階に宿題があるようなイメージですね。

|  | 1 | 2 | 3 | 4 | 5 | 6 | 7 | 8 |
|---|---|---|---|---|---|---|---|---|
| Ⅷ 老年期 |  |  |  |  |  |  |  | 統合（インテグリティ）対 嫌悪、絶望 |
| Ⅶ 成人後期 |  |  |  |  |  |  | 世代性（ジェネラティヴィティ）対 停滞（自己陶酔） |  |
| Ⅵ 成人前期 |  |  |  |  |  | 親密 対 孤立 |  |  |
| Ⅴ 青年期 |  |  |  |  | アイデンティティ 対 アイデンティティ拡散 |  |  |  |
| Ⅳ 学童期 |  |  |  | 勤勉 対 劣等感 |  |  |  |  |
| Ⅲ 遊戯期 |  |  | 自発性 対 罪の意識 |  |  |  |  |  |
| Ⅱ 幼児期初期 |  | 自律 対 恥、疑惑 |  |  |  |  |  |  |
| Ⅰ 乳児期 | 基本的信頼 対 基本的不信 |  |  |  |  |  |  |  |

図1－2 エリクソンの心理的発達課題と漸成的発達図式

出典：Erikson（1950, 1959）をもとに筆者作成

な課題の多さと重要さは、特筆に値します。

　エリクソンが唱える心の発達理論を支える鍵は、各人生段階において重要な他者と「生き生きとした関わりをもつこと」にあります。

　たとえば、乳児が、ここで設定された課題にどうやって取り組むのかというと、それは決して大人が一方的に教え込めるようなものではありません。身近な例として、授乳のことを考えてみましょう。ここで親子の双方の体験を想像するとき、空腹の乳児がおっぱいを求め、親がそれを満たしてあげると、満たされた乳児の様子を見て親自身もまた満たされるという体験が浮かんできます。このように、現実の適切な養育活動を通して、互恵的に生き生きと繰り返し共有される体験を通して、乳児は自分がほどほどに信頼にたる存在であるという、基本的信頼感を獲得できるというところでしょう。

　そのほかにも、心理的発達課題に関する理論には、ハヴィガースト（Havighurst, R.J.）[*6]やレビンソン（Levinson, D.J.）[*7]によるものが知られています。提唱者によって、発達時期の区分には多少違いがありますが、一生の間に果たさなければならないさまざまな心理的な課題を提案しています[5)]。

### 3. 複数の世代が生きる家族とライフサイクル

　エリクソンの心理的発達課題は、生涯にわたって個人に何らかの心理的課題があるということを示しました。年代の違う家族が共に生きる家庭では、複数のライフサイクルが入り混じることになります。

　たとえば、核家族の場合には親世代と子ども世代とが出会います。先ほどの授乳をめぐる親子は、満たし満たされる関係であり、子どもが親によって満たされることを必要とするのと同時に、親は子どもに必要とされることを必要としています。エリクソンは、このような個人の心理的発達課題の鍵となる重要な他者との関係性を「相互性」として重視したのです。

　そして、複数の世代の相互性がより良く実現できる関係のなかに、お互いのより良い成長があると考えました。もちろん関係の質によっては、負の影響も考えられますので、子どもの発達を援助する保育において、家庭支援が大切になるケースが多いのもうなずけます。子どもと家庭を包括的に支援していく必要があるのです。

### 4. 心の成長と心理的危機

　これまで述べたように、心理的発達課題の獲得による心の成長は、大人が子どもに教え込むものではありません。なおかつ必ずしも自動的になし得る

[*6]
ハヴィガースト（1900-1991）はアメリカの教育学者です。人間は、一生の間に果たさなければならないさまざまな課題を抱えており、その課題を、乳幼児期から老年期を6つの発達段階に分け、それぞれに具体的な課題を提唱しました。

[*7]
レビンソン（1920-1994）はアメリカの心理学者です。エリクソン理論の影響を受けながら、特に成人期の発達を詳細に検討しました。発達過程をライフサイクルの四季になぞらえ、人には4つの発達期があり、各発達期の間に過渡期が存在すると考えました。

ものでもないのです。つまり、心理的発達課題の節目にその人がどのような体験をなし得るかによって、次の段階へ進むこともあるし、十分な達成を果たせずに年齢を経ていくこともあるでしょう。

これがいわゆる危機（crisis）と呼ばれるものです。図1-2の各発達課題に対峙するものがそれにあたります。発達段階の節目にさしかかった人たちには、成長の契機にあるとともにその人のそれまでの弱さや問題性に敏感になる時期でもあるのです。また、発達課題が達成できなかった場合、自己成長の対極にある傷つきを体験しやすい時期となります。

もともとサイクルという言葉には、「一回り」「四季」といった意味合いがあります。発達段階の危機は、季節の変わり目に起こる春雷や台風などにたとえられるでしょう。ここで強調したいことは、「傷つきやすい」という表現は、傷ついてはいけない、ということではない、ということです[6]。

エリクソンの発達観は、危機のない人間というものは、最初から想定されていません。むしろさまざまな生きにくさを抱える多くの人への心理的援助を行うなかで、苦しみのなかにも1つの灯りを見いだそうとするような、人間ならではの自我の力を信じる、臨床的な発達観だと考えられています。

## 第4節　生涯発達から見た心の問題と家族

### 1. 生涯を見渡したメンタルヘルス

図1-3は、私たちの一生において出現する主な心の問題と発達時期についてまとめたものです[*8]。

先述のように、人が次の発達段階へ移行しつつある時期や、個人を取り巻く環境に大きな変化が生じたときなどには、心身の健康を損ないやすくなります。また、社会環境からも大きく影響を受けるものであり、たとえば自殺の発生件数などについても、発生時期が微妙に変化する部分と社会変動が合致することがあります。

人の一生を俯瞰すれば、すべての人に心の成長が認められますが、日々の生活を細かく見ていくと、当然ながら、大人も子どももいつも生き生きしているとは限りません。たとえば、気分の落ち込み、抑うつ状態などは、子どもにも多くみられますし、生涯を通じて現れる心の問題です。私たちは、多くの傷つきや失望、不安や緊張や怒りを抱えながらも、楽しみとささやか

*8
なおメンタルヘルスについては第11章で詳しく説明しますので参照してください。また、子どもの発達的な問題については第10章で詳しく述べられています。

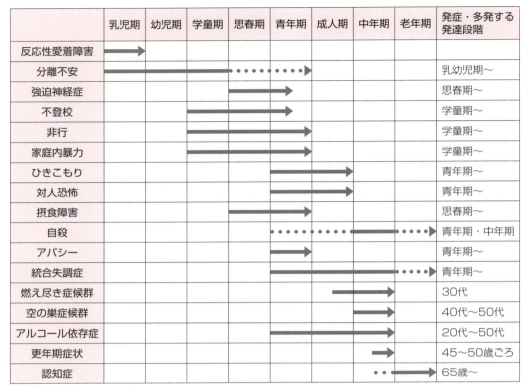

図1-3 ライフサイクルに生じる主な心理的問題

出典：筆者作成

な幸福感をもちながら、毎日暮らしている、というのが現実です。ですから、日々の心のケアの大切さは、誰もが経験し、実感するとこでしょう。

　特に子どもの場合は、そうした自らの体験や自らの心の状態について語れる力は限られていますので、図1-3のようにさまざまな行動であらわれてくることも少なくありません。周囲の大人が関わるなかで、ケアが必要な子どもの状況を細やかにキャッチしていくことが大切です。

## 2. 子どもと家族を取り巻く社会からの影響

　現代の多様で変化しやすい社会のなか、家族、家庭のあり方も多様化が進んでいます。一方で、生涯にわたって乳幼児期が重要な発達時期であることに変わりはありません。保育現場では、子どもと保護者に対して難しい対応を求められることが多いのも当然のことと言えるでしょう。

　本書の各章では、時代や社会から、家庭が大きく影響を受けているという問題があげられています。保育においては、子どもの発達を保障していくことが大前提ですが、その発達に何らかの問題があり、支援が必要になること

第1章 生涯発達とは何か

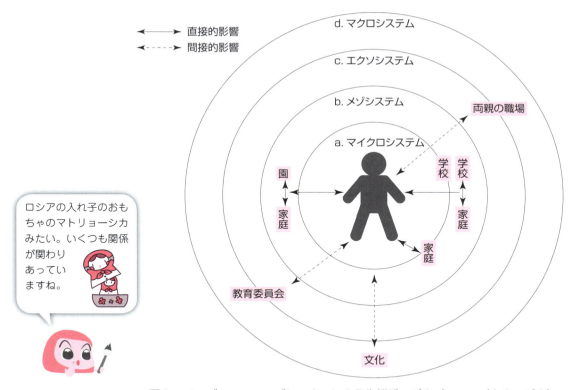

図1－4 ブロンフェンブレンナーによる生態系モデル（エコロジカルモデル）
出典：U. ブロンフェンブレンナー（磯貝芳郎・福富護訳）『人間発達の生態学』川島書店　1996年をもとに筆者作成

も多くあります。そのようなケースの背景には、家庭への支援のニーズが見えてくることもあるでしょう。

　子どもの発達は、環境との相互作用で考えるエコロジカルモデル（図1－4）が基本です。その家庭だけが特殊と考えるのではなくて、子どもと家族を取り巻く環境のことも含めて常に考えておくことは、家庭支援において大切な視点だと言えます。

 ……………………………… 演習課題

**Q** あなたの生涯発達について考えてみましょう。

　　　自分のこれまでの成長を、人生曲線を描きながら、振り返ってみましょう。

**ステップ** そして、これからの自分なりの課題や将来の抱負を、語り合いましょう。

**ジャンプ** 現在の曲線につなげて加えて、未来の人生曲線を自由に描いてみましょう。

●発展的な学びへつなげる文献
- 青木紀久代編『知のゆりかご　保育の心理学』みらい　2019年
  発達心理学における、生涯発達のとらえ方を始め、さまざまな人間の諸機能の発達をわかりやすく解説しています。
- 馬場禮子編『ライフサイクルの臨床心理学』培風館　1997年
  ライフサイクル上に生じるさまざまな心の問題と対応について、事例をもとにわかりやすく論じています。

【引用文献】
1）厚生労働省「平成29年簡易生命表の概況」2018年
2）西平直『エリクソンの人間学』東京大学出版会　1993年
3）Erikson, E.H. *Child and Society. (2nd)* New York: Norton. 1950/1963.（仁科弥生訳『幼児期と社会Ⅰ』みすず書房　1977年）
4）Erikson, E.H., *Identity and the Life Cycle*. New York: International Univerisity Press. 1959.（西平直・中島由恵訳『アイデンティティとライフサイクル』誠信書房　2011年）
5）Havighurs, R.J., *Developmental Tasks and Education*. New York: Longmans. 1963.（庄司雅子監訳『人間の発達課題と教育』玉川大学出版部　1995年）
6）永井撤監修、青木紀久代・平野直己編『乳幼児期・児童期の臨床心理学』培風館　2012年

【参考文献】
日本家族心理学会編『家庭心理学ハンドブック』金子書房　2019年
西平直編『ケアと人間』ミネルヴァ書房　2013年

## 保育者のライフコース

ココロのイロイロ①

　保育者としての就職先は、公立・私立の保育所、幼稚園、認定こども園、児童養護施設など幅広くあります。いずれにしても継続して勤務したり、昇格試験を受けたりして「主任」「園長」などの職位に就くことも可能になります。もし常勤で働くことをやめることになっても、資格・免許そのものは継続されるため、非常勤として働く、あるいは、子育てなどが落ち着いたころに復職するという選択肢を取ることも可能です（※幼稚園教諭は免許の更新が必要です）。

　さらに、厚生労働省が進めている保育士の就業継続支援の1つ「キャリアアップ研修」[1]の制度により、保育士として継続して働き、同時に専門性も高めていくことが可能になってきました。この研修を受けて知識・技能を習得することで、資質・専門性のレベルが段階的に上がるしくみになっています。その結果として高度な専門性をもつ職位に就くことが可能になり、また、それぞれの職位によって収入面での改善が図られる見通しとなっています。

　自分の人生のライフイベントに合わせて柔軟に勤務形態を変えることが可能である一方で、専門性を向上させ処遇を改善していくことも可能な状況へと変わりつつあります。自分が保育者としてどのようなライフコースを歩んでいきたいかを日ごろから考えておくことが大切になります。

【引用文献】
1）厚生労働省雇用均等・児童家庭局保育課長通知「保育士等キャリアアップ研修の実施について」2017 年

# 第2章
## 乳幼児期から学童期前期にかけての発達

 **エクササイズ**　　自由にイメージしてみてください

ほかの哺乳類の生き物とくらべて、人間の赤ちゃんにはどのような特徴があると思いますか？

# 第2章 乳幼児期から学童期前期にかけての発達

## 学びのロードマップ

- 第1節
  乳幼児期（0〜5歳）の心身の発達と、この時期の課題や援助について説明します。

- 第2節
  学童期前期（5〜7歳児）の心身の発達と、この時期の課題や援助について説明します。

### この章の なるほど キーワード

■**愛着**…イギリスの児童精神分析家ボウルビィ（Bowlby, J.）が提唱した理論です。乳児期に特定の養育者との結びつきが作られ、愛着対象が形成されることがその後の発達に重要な影響があるとしました。

> 愛着の対象は保護者だけに限りません。乳幼児が家の外で初めて出会う大人である保育者との愛着のあり方も大切になります。

 はじめに　　人は生まれてから、どのように人と関わり学びながら成長していくのでしょうか。本章では、高木（2018）が示したモデル（p.33の表2－1）[1]を使いながら、乳児から学童期前期（1・2年生）までの発達について概観します。特に対人関係、言葉の育ちに焦点をあて、集団のなかで人が育つ道筋について考えます。

## 第1節　乳幼児期（0～5歳児）の発達

### 1．0歳児の発達

#### （1）心身の特徴

①人間の赤ちゃんの特徴

　みなさんは日ごろ、エピソード（1）のような体験をしたことはありませんか？このエピソードから赤ちゃんはとても人が好きということがわかります。

 **エピソード（1）　見つめてくる乳児**

> 電車に乗ると、ベビーカーに乗った乳児がじっとこちらを見つめてきます。なかなか視線を外そうとしません。思わず微笑んでしまうと、相手もにっこりと微笑み返してきました。

　人間は、歩くことも食べ物を1人で探すこともできない未熟な状態で生まれてきます。これは人の大きな特性の1つであると言われます。

> 👉 **注目ワード**　**離巣性と就巣性（留巣性）**
>
> 　動物の分け方として、離巣性（りそうせい）といわれる生後すぐに立って歩ける動物と、就巣性（しゅうそうせい）（留巣性）といわれる未熟な状態で生まれ巣から動けない動物にわける考え方があります。人の乳児は、感覚器官はかなり成熟しているにもかかわらず、立ったり歩いたりできず無力で親のそばにいます。ポルトマン（Portman, A.）はこれを「二次的就巣性」と呼び、「生理的早産」という

> 考え方を用いて説明しました。人は、運動機能が成熟するまで母体のなかにいると胎児の脳が大きく育ちすぎ、難産が予想されるため、1年ほど早く生まれるようになったと考えたのです。

　未熟な状態で生まれた乳児は周りの大人を必要としています。そのため乳児には人に応答する力が備わっています。まず、生後早いうちから大人が示した行動をまねる新生児模倣と呼ばれる行動があります（Meltzoff & Moore, 1977）[2]。

　次に、乳児は大人を誘い込み、世話をしたくなるような姿・形をしています。ローレンツ（Lorentz, K.）[*1]は乳児や動物がもつ幼い姿の特徴をベビースキーマ（ベビー図式）と呼びました。その特徴としては、短く丸い腕や脚、大きい額、顔の下部にある目などがあげられます。こうした特徴をもった生き物はかわいい感情を人に喚起させ、その結果攻撃を受けることは少なく、養育が促されます。また、乳児は人の顔のような形を他の形と比べてよく見る、つまり好んで見ることが選好注視法[*2]を用いた研究で明らかになっています（Fantz, 1961）[3]。

②愛着と安全基地

　乳児は生後間もないころは誰があやしても笑いかけていますが、生後半年をすぎるころから特定の人ができはじめ、それ以外の人が近寄ったり抱いたりすると泣きだします。いわゆる「人見知り」のはじまりです。この現象は特定の他者とのつながり、愛着対象の形成のあらわれであり発達の大切なステップです。愛着対象は自分を受けとめ心地よい気持ちにする存在です。自分が不安や危機を感じた時にそばにいてその不安を受け止め、大丈夫だと感じさせてくれる存在があるからこそ、子どもは自由に外の世界へ出かけ挑戦し、そしてまた不安になったらそこへ戻り、元気を取り戻します。これを繰り返しながら自分のできることをふやしていくのです（図2-1）。

[*1] ローレンツ（1903-1989）はオーストリアの動物行動学者です。鳥類などが生後間もない時期に見た対象に追従行動を示す刷り込み（インプリンティング）の現象を研究し、刷り込みの起こりやすい時期を「敏感期（臨界期）」と名づけたことでも知られます。刷り込みの考え方は、愛着理論にも大きな影響を与えました。

[*2] 選好注視法は、乳児の前に同時に2枚の絵や動画を提示し、どちらを長く見るかを調べる研究方法です。

> ☞ 注目ワード　**愛着（アタッチメント）**
> 　イギリスの児童精神分析家であるボウルビィ（Bowlby, J. 1907-1990）が提唱した理論です。乳児期に特定の養育者との結びつきが作られ、愛着対象が形成されることがその後の発達に重要な影響があるとしました。愛着対象となる特定の養育者は実母である必要はなく、保育者など子どもを養育する立場にある人ならだれでも対象となります。

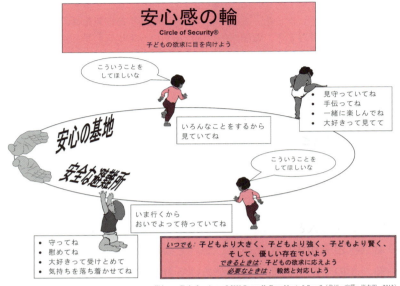

図2-1　安心感の輪

"COS International より許可を得て転載"

### ③9か月の奇跡

　人と関わりは、言葉の土台としても重要なものとなります。乳児は生後しばらくの間は、周囲の人がある事物を指さして示してもその指を見てしまいます。視線や指さしの先の相手が示す事物をとらえられないのです。親と子が同じおもちゃを見て遊ぶ場面は、生後9か月以降見られるようになります。この時期になると、乳児は親が見ているおもちゃを自分も見る「共同注意」が成立してきます。トマセロ（Tomasello, M.）*3はこれを「9か月の奇跡」とよびました。相手の視線に注意を向け、視線の先にあるもの、相手が事物を見ている意図に注意を向けていくのです。こうして自分と相手、事物の間の関係を理解する「三項関係」が成立してきます。三項関係のなかで言葉が交わされ、言葉が準備されていきます。

　乳児を見ていると、エピソード（2）のような行動もよく見られます。

\*3　トマセロ（1950-）はアメリカ出身の認知心理学者です。言語発達、意図の共有などにおける社会的な役割を重視した研究で知られます。

### エピソード（2）　口に入れたり、たたいたり

1歳のえみちゃんがお菓子の空き缶を口にもっていったり、何度も何度も床にたたきつけたり、転がしたりしています。よく見るともち方を変えたり、たたく時の場所を変えたりと工夫があるように感じられます。

第 2 章 乳幼児期から学童期前期にかけての発達

　エピソード（2）のように乳児は何でも口に入れてしまったり何度もおもちゃをたたきつけたり、意味のない行動をしているように見えるかもしれません。しかしこれは乳児にとっては立派な学びの場面です。ピアジェ（Piaget, J.）*4 はこの時期の認知の特徴を「感覚運動段階（期）」と名づけました。自分の運動や感覚器官を通じて外界を学ぶ時期だということです。

### （2）乳児期の課題と援助

　高木（2018）の表2－1をみると、乳児期の家庭教育のテーマは「かわいがる」であり、大人の役割は受容と共感とあります。表2－1にあるエリクソン（Erikson, E. H.）*5 の心理・社会的危機は「信頼　対　不信」であり、この時期に周囲の人との受容的、愛情深いやり取りのなかで人への信頼感を形成することが大切であることがわかります。図2－1に示した「安心感の

*4
ピアジェ（1896-1980）はスイスの発達心理学者。乳幼児の認知発達について研究しました。

*5
エリクソン（1902-1994）はドイツに生まれアメリカに帰化した心理学者です。詳しくは p.19～23 を参照してください。

表2－1　子どもの発達課題と家庭教育のテーマの推移

| 期（年齢） | エリクソンの心理・社会的危機 | 主たる発達課題 | 家庭教育のテーマ | 大人の役割 |
|---|---|---|---|---|
| 乳児期（0～1） | 信頼 対 不信 | ・生理的安定<br>・人との情緒的交流<br>・固形食・歩行の学習 | かわいがる | 受容（保護者）<br>共感（仲間） |
| 幼児前期（2～3） | 自律 対 恥・疑惑 | ・排泄の学習・食事の自立<br>・基本的生活行動<br>・話すこと、ものの名前（概念） | しつける | 行動見本（仲間）<br>善悪の判断（先達） |
| 幼児後期（3～6） | 主導性 対 罪悪感 | ・友達との人間関係<br>・自我の確立・知識の拡大<br>・善悪の区別・良心の学習 | 仲間遊びさせる | 安全基地（保護者）<br>ともに楽しむ（仲間） |
| 学童期（6～12） | 勤勉感 対 劣等感 | ・個人的独立の達成<br>・適切な社会的役割の学習<br>・集団や制度に対する態度 | 手伝わせる | 行動への参加（仲間）<br>労働の指導（先達） |
| 思春期（12～18） | 自己同一性 対 同一性拡散 | ・両親や大人からの情緒的独立<br>・両性の友人との人間関係<br>・行動を導く価値観の形成 | 見守る | 不安の理解（仲間・保護者）<br>将来への見通し（先達） |
| 成人初期（18～25） | 親密 対 孤立 | ・社会的役割の達成<br>・市民としての知識・価値観<br>・結婚と職業生活 | 認める | 一人前扱いする<br>話し合う |

出典：高木和子著『支え合い・学び合いで育つ「わたし」　人生を広げる生涯発達モデル』エディット・パルク　2018年　p.88

輪」の基礎が作られることが大切になります。

　この時期の乳児は生活全般を養育者に依存しているため、養育者は「なんでも先回りしてやってあげる」ことが良いと思うかもしれません。安全で心地よい環境を作ることは乳児期の保育において重要ですが、乳児自身が能動的に活動できる場面を作ったり促したりすることが大切です。乳児を観察すれば、自分から楽しいこと、気持ち良いことを選ぼうとしていることがわかるでしょう。見たり、触ったり、たたいたり、安全に気をつけながら五感を刺激する活動を用意したいものです。活動を行う時には乳児と共に目を合わせ、声をかけながら一緒に楽しむ態度が大切です。周囲の大人は生活のさまざまな場面で声をかけ、乳児の気持ちを言葉で示し、乳児が他者と通じ合う楽しさを体験できるように援助していきましょう。

## 2. 1～2歳児の発達

### （1）心身の特徴

#### ①言葉の育ち

　この時期の心身の特徴としてまずあげられるのは言葉の育ちです。1歳から1歳半ごろに初語（初めての意味ある言葉）が出てきます。この時期、一語の発話は文脈によってさまざまな意味をもちます。そのため、一語でも文章のようだという意味で「一語文」とよばれることもあります。エピソード（3）と（4）は、言葉を覚えはじめた1～2歳ごろによく見られる出来事です。

> **エピソード（3）　なんでもワンワン？**
>
> 　言葉が出始めたまりちゃん。犬にも猫にも「ワンワン」と言いながら楽しそうに指さしてお父さんに教えてくれます。「どうしてどちらも『ワンワン』なのかな」お父さんは不思議そうです。
>
>

＊6
ある語の意味を拡張して他の対象にもその語を使うのが「過拡張」（たとえば「ワンワン」を犬にも猫にも使う）です。「過限定」はある語の意味を限定して使用する（たとえば「ワンワン」は自分のお気に入りの絵本に出てくる犬にだけに使う）ことをさします。

　話し始めの時期には「過拡張」や「過限定＊6」と言われるこの時期特有の間違いが起こります。エピソード（3）の例は「過拡張」にあたるものです。また、話す音（構音）も未熟な場合があります。このような間違いの多くは成長と共に消えていきます。

# 第2章 乳幼児期から学童期前期にかけての発達

### エピソード（4） コレナニ？コレハ？

電車のなかでお父さんが2歳ぐらいの子どもをだっこしています。ちょうど、子どもの目の前にポスターがある位置になり、子どもはポスターの絵を指さしながら「コレナニ？」と聞いてきます。最初お父さんは「パンダちゃん」などと答えていましたが、ポスターのなかに描かれた小さいキャラクターや星や虹まで指さして「コレナニ？」「コレハ？」と聞いてくるので、お父さんは困ってしまいました。

エピソード（4）のように次々と名前を聞いてくる時期のことを「命名期」とよび、やり取りのなかで語いが増えていきます。また、近年の研究は自分なりに語に対するルールを用いて言葉の意味範囲を限定し、語いを増やしていくこと、周囲の大人の表情なども参考にしていることがわかっています（小林・佐々木，2008）[4]。

### ②イメージの育ち

言葉は、ある音の組み合わせが意味や事物のイメージをその言葉を話す人に喚起させる働きがあります。言葉を話し、通じるようになることは、子どものなかに今、見えていないもののイメージが形成されることになります。つまり言葉が育つことは表象、イメージの育ちにつながります。言葉以外の場面でもイメージの育ちはみられます。この時期の子どもがテッシュを鼻にもっていき鼻が出ていないのにかむ動作をしたり、ほかの人の鼻にテッシュを押しつけるような行動をして楽しんでいる場面をみかけます。これは鼻をかもうとして失敗しているのではなく、鼻をかむ行動を頭で思い描き、そのふりをして楽しんでいるのです。ピアジェは言葉が出始めた後は表象を操作することが知的活動の中心になると考えました。2歳ごろから4歳ごろまでの時期は「前操作期（象徴的思考段階）」と名づけられています。延滞模倣[*7]が成立し、ふり遊びが出るなど表象を使った行動が出現します。

\*7 子どもが見本やモデルとなる行動を見たあと、時間をおいてその行動をすることを言います。

### ③歩行の開始

1歳代に歩行がはじまり1、2歳代を通じて安定してきます。階段を昇ったり、降りたりもゆっくりですができるようになり、手指の操作性も向上してきます。つまんだり、積んだり、なぐり描きやグルグル描きができるよう

になります。

　こうした言葉の育ちと行動の広がりを背景に、他人とは違う「自分」「自我」が育ってきます*8。同時期に周囲の大人から、生活習慣の自立に向けて少しずつ「しつけ」がはじまります。乳児自身のやりたいことと養育者のしつけや禁止がぶつかり、第一次反抗期が始まってくるのがこのころです。服を着る時でもご飯を食べる時でも「イヤ」と駄々をこね、2歳ごろになると「ジブンデ」と言ってなんでも挑戦しようとします。同年齢の子どもたちとはトラブルも多くなる時期ですが、一緒に何かをすることが楽しく、偶然同じ動作を繰り返しながら、気持ちが通じ合う場面もみられます。

### （2）幼児前期の課題と援助
#### ①保育者がモデルとなることの大切さ

　表2-1をみると、幼児前期の家庭教育のテーマとして「かわいがる」に加えて「しつける」が入ってきます。大人の役割としても、行動見本や善悪の判断といった子どもの前に立ち、これからの育ちに必要なことを伝える役割が大きくなってきます。高木（2018）はまた、人間の一生のなかでの学びを「共生的学び」「継承的学び」「自己統合的学び」に区別し、それぞれの時期に学びがあるとしました。人生の初期に設定された「共生的学び」は、生きるためにその場にいる人たちとの相互作用によって自然に学ばれていく点に特徴があります。母語の育ちなどはその代表です。子ども自身が覚えるための努力をするというより、人と関わり声を交換するといった、環境と乳児の認知の発達が相まって自然と言葉を発するようになります。「しつけ」が入ってくるこの時期は「共生的学び」だけではなく、意図的に社会が作ってきた文化や慣習、自立するために必要な知識を伝えようという「継承的学び」が大人の側から始まる時期にあたります。「子どものやりたいようにさせて、なおかつ社会的に許容できるには、生活全体を子どものペースに合わせ、大人も共に行動することが大切になる。先達としての大人が自分の生活に根ざした価値に基づいて行動の規範やことの善悪についてきちんと示めすことが必要となるのである」という高木（2018）の言葉は、乳児期（0～1歳児）とは異なる大人と子どもの関係性を示しています。一体となっていた親子関係が徐々に離れ、子ども自身の自立に向けた一歩が踏み出されるのです。

#### ②いざこざも必要な学びのプロセス

　第一次反抗期の時期は子ども自身も「イヤ」ということでしか自分を主張できない時期でもありますが、少しずつどうしたいのかを伝えられるようになります。養育者は信頼関係を基盤にしながら、子どもの自律性を尊重し根

---

*8　自我の育ちを知る課題として「ルージュテスト」や「マークテスト」とよばれる課題があります。子どもが遊んでいる時に気づかれないように顔に口紅を塗ったり、シールを貼ります。その後、鏡を見せて反応を調べます。1歳半を過ぎると鏡を見て自分の顔を触る動作をみせるようになります。このことは、自分で自分自身の認識が可能になったことを示します。

気強く伝えていくことが求められます。

　保育所などでは子ども同士の気持ちがぶつかっても言葉で解決はできず、「かみつき」などの問題がおこる時期でもあります。保育者は安心できる環境を用意すると共に、一人一人の「思い」を受け止めることが求められます。2歳頃には語いが増え、遊びも多様化してきます。子どもの質問に答えることはもちろん、見立てや手を使う遊びができるおもちゃを豊富に用意し、自分でできる喜びを体験させたいものです。言葉の言い間違いなどを過度に気にして直すより、話すこと、通じることを楽しむことが大切です。

## 3．3～5歳児の発達

### （1）心身の特徴

#### ①「一人前になった」と感じる

　3歳から5歳の時期は、保育所では1クラスの人数も多くなり生活が変わってきます。3年保育の幼稚園では幼稚園に通い始める時期になります。もう赤ちゃんではない、少しお兄さんお姉さんになったのだという実感が子ども自身にもあり、また保護者にとっても身辺自立が進み、会話も上手にできるようになってくるため、一人前になったと感じる時期でもあります。次のエピソードはそんな一人前になったという自信があらわれた1コマです。

 **エピソード (5)　「できた！先生みて！」**

　年少クラスのたかしくんは、園庭に出るためにスモックを着ようと奮闘しています。スモックをよく見てボタンを一つ一つゆっくりはめていきます。はめ終わって「できた！先生みて！」とうれしそうなたかしくん。ボタンをはめる穴の位置がずれていますが、本人は満足感でいっぱいです。

 ふりかえりメモ：

ピアジェの認知発達においてこの時期は、前操作期の後半「直観的思考段階」にあたります。表象による思考がさかんに行われる一方、保存課題[*9]ができない、アニミズム的思考[*10]、実在論[*11]、自己中心的思考[*12]などが幼児期の思考の特徴としてあげられます。大人とは異なる思考の特徴がありながら、子どもなりに物事の因果関係やしくみを知ろうとし、「何で？」「どうして？」などの質問がさかんになってきます。

### ②「できる」という全能感

　3歳児（年少児）のころは、2歳代で芽生えた自我が充実し、自信をもって世界を広げる時期にあたります。基本的生活習慣などはまだ養育者の援助が必要ですが、「できる」という全能感にあふれています。語いも増え、文法も備えてくるので大人との会話が成り立ってきますが、大人が話し相手である子どもの状況や文脈を知った上でないと理解できない場合も多くあります。仲間関係では泣いている友達を心配そうに見たり、一緒に同じものになりきるなど同じ場面を共有することで感情の同調が見られ、仲間意識が生まれてきます。

### ③「心の理論」の獲得

　4歳児（年中児）は、内面の育ちに注目したい時期です。声に出さないけれど頭の中で自分の行動や思考のために使われる「内言[*13]」が育ち、言葉が相手に伝えるコミュニケーションの機能を果たすだけではなく、自分の行動を調整し考えるために機能してきます。仲間関係の育ちにおいては、心の理論[*14]の獲得が大きな変化をもたらします。相手の目に見えない「心」が理解できるようになり、相手が自分のことをどう思うのかと考えたり、自分のことを振り返ったりという行動が出てきます。周囲の期待やルールにも敏感になってきます。言葉によって自分で自分をはげましがんばる姿もありますが、見られる自分を意識したり、自分で考えた通りにできなくて、「やりたくない」など弱気な面もあったりします。友だちとの関係ではトラブルがありながらも、言葉を使いながら修正しようとする試みがみられます。

　エピソード（6）は自分で言ったことはがんばるという姿があらわれたエピソードです。

---

**\*9**
数や長さ、液量は、加えたり引いたりしないかぎり変わりません（保存されている）が、前操作期の子どもは、形を変えるとその見た目に合わせて量が増えたり減ったりすると判断します。たとえば、同じ液量が入った同じ2つコップを見せ、同じであることを確認してから、一方を細長いコップに移すと液面が高くなります。この変化を見て「液量が多くなった」と判断するなどの行動がみられます。

**\*10**
無生物に対しても生命や心があることを認めたり、意思などの心の働きを認めたりする幼児の心の特徴のことをいいます。

**\*11**
自分が夢に見たり聞いたりしたことが実在するかのように考えることです。空想上の生き物なども実在すると考えたりします。

**\*12**
幼児が自分自身を他者の立場におき、他者の視点に立つことが難しく、自己の視点のみに注意を払うことをいいます。

**\*13**
音声をともなわず頭のなかで内面化された言葉のことです。行動を計画したり、考えたりする時に使われます。音声をともなった他者に向けての言葉は「外言」とよばれます。

## 第2章 乳幼児期から学童期前期にかけての発達

 **エピソード (6)　「ニンジン食べるよ」**

　年中クラスのえりちゃんは給食の時間、先生に「せんせい、みてー、ニンジン食べるよ」と言って自分のお皿を指さします。そこにはオレンジ色をしたパプリカが入っていました。先生はえりちゃんに「えりちゃん、これピーマンさんの色が違うのだよ」と伝えます。えりちゃんはよく見て気がついたようですが、「たべる」と言って食べ始めました。「なんだか思ってたのと違う味…」という顔のえりちゃん。先生はパプリカを口から出してしまうのではないかと心配になりましたが、がんばって飲み込みました。

＊14
他者には目に見えない「心」があり、その心の状態は自分とは違うという理解。自分が知っていることと他人が知っていることの区別がつき、人間の行動は心によって変化することを理解することです。

**④行動調整の充実**

　5歳児（年長児）では、4歳児で育ってきた相手の気持ちをとらえたり、自分の行動を調整する機能がさらに充実し、場面に合わせた柔軟な対応ができるようになります。子ども同士で話し合ったり、協力したりすることが楽しく、仲間のためにがんばる姿がみられるようになります。お手紙ごっこやお店屋さんごっこのなかで文字や数字を読んだり書いたりし、その機能に気づいていきます。しりとりやトランプなどを楽しむ姿もみられます。次のエピソードはそのような言葉遊びを楽しむ姿をとらえたものです。

 **エピソード (7)　「名前のなかにやさいはっているの」**

　年長のクラスでの出来事です。ある女の子が保育所見学にきた学生に「さやちゃんの名前のなかに『やさい』はいってるの」と楽しそうに言ってきます。学生は訳がわからず「さやちゃんのやさい？」と聞き返すと、隣の女の子は「さやちゃん、やさいー」と楽しそうに言っています。学生が戸惑っていると、さやちゃんが「かわいさや」と書いてある自分のお道具箱を指さして教えてくれました。名前を逆から読むと「『やさい』わか」になることに気づいて、学生は「こんなこともわかるのか」とびっくりしました。

### （2）幼児後期の課題と援助

　表2−1においては、幼児後期の家庭教育のテーマとして「かわいがる」「しつける」にくわえて「仲間遊びさせる」が加わってきます。幼児期は個の成長に加えて子ども同士の協同性をどのように育てるかが課題になってきます。意識的に学ぶ「継承的学び」が子どもの側からも始まります。子ども自身が何が社会的に価値があることなのかを考え出すようになります。ルールや決まりに敏感になるなどはそのあらわれです。

　3歳児（年少児）ごろは達成感にあふれた毎日を過ごすことが大切になります。失敗を恐れずに挑戦する姿勢を大切にしたいものです。同時に保育者は一人一人の気持ちの安定を図りながら、子どもの心のよりどころになる必要があります。これは初めて集団生活を送る時期では特に重要です。個の生活を充実させながら、保育者は仲間を意識させ子ども同士をつないでいきます。

　4歳児（年中児）のころは子ども自身の内面が育ちつつあることに目を向け、考えたり思ったりすることを仲間と共有しながら、言葉によるイメージの共有を進めていきたいものです。トラブルの時も感情を口に出し、思いを言葉にする努力を続け、その子なりの気持ちが表現できるよう援助します。

　5歳児（年長児）のころは、保育者が中心になるというより、「私たち」「仲間」の意識が子どもたち同士で作られていくように、集団で力を合わせて成し遂げるような活動を用意したいものです。幼稚園、保育所の最年長児としての自覚をもち、助け合って努力すること、それが楽しくよいことであるという価値観を作ることが、次の学校での学びにつながります。

## 第2節　学童期前期（5〜7歳児）の発達

### 1. 心身の特徴

#### （1）論理的な考え方ができるようになる

　小学校へ行くとそれまでの生活が大きく変わります。学校には決まった時間割があり一日のスケジュールに沿って生活が進みます。「学び」に関しても、遊びや生活のなかで発見し、みんなで知っていくことが重視されてきましたが、小学校では教科の学びとして教えられ、一人一人がどれだけ知っているかが問題にされます。次第に遊びと学びは切り離されていきます。

認知の発達においては、ピアジェの認知発達における「前操作期」が終わり、「具体的操作期」へと大きな変化がみられます。保存課題にみられるような見た目に左右される時期から、論理的な考え方ができるようになってきます。「具体的操作期」という名前が示すように、この時期は実物を見てそれをもとに論理的な思考が可能になってきます。「リンゴを3つ」「みかんを4つ」など具体的で身近な例を出したり、タイルやおはじきなど目に見えるものを動かしながら学ぶ時期です。論理的な考え方ができるといっても限界があり、A＋B＝Cといった記号を使った公式をもとに考える、現実と違う仮定（もしゾウがアリより小さかったとしたら…）などをもとに考えることはまだ難しい課題です。

### （2）内言の発達

幼児期の言葉は親しい保育者や親、仲間といった知った人に向かって話す会話、対話である点に特徴があります。クラスメートの前で昨日あった出来事を発表するような場面は、1対1の会話ではなくても、知った人に話すことに変わりはありません。

学童期前期の言葉は、まだ幼児期の特徴をもっており、認知面と同じく具体的な目に見える相手が必要になります。文字が書け、文章をつづれるようになっても授業のなかで書く感想文のような文章は、子どもにとっては「誰に」書くのか「どうして」書くのかがわからず難しい課題になります。

物事を理解する際にも、目に見える相手と対話をしながら思考する時期から自分のなかで対話し思考する時期の発達途上にあります（図2－2）[5]。

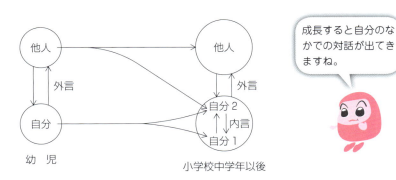

図2－2　幼児と小学校中学年以後の思考の違い

出典：岡本夏木著『小学生になる前後　五～七歳児を育てる［新版］』1995年　岩波書店　p.156

思考には自分で自分に問いかける自己内の対話が必要であり、その芽生えは4歳ごろの内言の発達としてあらわれてきます。しかし学童期前期にはま

だこの働きは十分ではなく、自分のなかのもう一人になってくれる他者（たとえば先生や保護者、少し年上の相手）との話し合いに頼りながら、考える時期になります。

## 2. 学童期前期（5～7歳児）の課題と援助

表2-1の学童期をみると「手伝わせる」という側面が家庭教育のテーマとして入ってきます。その文化が作ってきた知識を伝える「継承的学び」が学校を中心に組織的に始まり、家庭や学校の一員としての役割を果たしていくことが求められます。家庭内で家事の手伝いをしたり家業の手伝いをして、自分の労働が誰かの役に立つという経験を積み、学んだり労働することの意味を見出していきます。

2017（平成29）年に告示された幼稚園教育要領、保育所保育指針、幼保連携型認定こども園教育・保育要領[6]では小学校から見た時の「幼児教育で育つ力の明確化」が改訂の趣旨としてあげられています[*15]。幼稚園・保育所等と小学校には大きな違いはあるものの、小学校の生活になじんでいくには、やはり幼児期と同じように親しい人との関わりによって個人の生活の安定が図られることが大切です。その役割は担任の先生が担います。小学校低学年の先生は前に立って指導するだけではなく、子どもにとっての親しい他者になり、子どもの対話役になることが必要です。親しい先生を起点に、具体的な場面を想定した学びが展開され、学ぶことが楽しく役立つ経験が積めるような環境を整えていくことが求められます。

最後に乳幼児期、学童期前期を通じた保護者、保育者、教師のまなざしについて考えたいと思います。

まず大切なことは、子どもへの共感と受容のまなざしです。次に、岩田（2011）[7]が言う「鏡」と「鑑」という2つのまなざしも重要です。「鏡」とはどのような子どもになって欲しいのか期待や価値観を映し出し、子どもを導くまなざしです。次に「鑑」とはモデルや手本という意味であり、保育者の物事の見方を子どもは手本にしていくということです。

乳幼児期から学童前期において、大人は子どもの心のよりどころとなり、子どもの気持ちに共感しながら、なおかつ育ちの期待を込めて子どものモデルとなって行動することが大切であると言えるでしょう。

[*15] 小学校とのつながりとして「幼児期の終わりまでに育ってほしい姿」（10の姿）を提示し、小学校の学習指導要領ではスタートカリキュラムが義務づけられました。

第 2 章 乳幼児期から学童期前期にかけての発達

　　　　　　　　　　　　　演習課題

**Q** 乳幼児期の言葉の育ちには周囲の人とのやり取りが大切です。乳児期、幼児期、学童期前期それぞれに適した援助を考えてみましょう。

**ホップ**　あなたの考える援助をそれぞれ箇条書きで書いてみましょう。

乳児期：

幼児期：

学童期前期：

**ステップ**　ホップで書いたものを周りの人と発表し、話し合ってみましょう。

**ジャンプ**　ホップとステップをふまえて、言葉の育ちについて文章にまとめてみましょう。

● 発展的な学びへつなげる文献
- 柏木惠子『子どもが育つ条件―家族心理学から考える』岩波書店　2008 年
  家族のメンバーの育ちや子どもの育ちについてまとめられており、子どもが能動的に育つ存在であること、大人になっても発達することの重要性が示されています。
- 佐伯胖編『共感　育ち合う保育のなかで―』ミネルヴァ書房　2007 年
  保育において「共感」のとらえかた、子どもの育ちへの影響について考えるヒントを与えてくれます。

【引用文献】
1) 高木和子著『支え合い・学び合いで育つ「わたし」　人生を広げる生涯発達モデル』エディット・パルク　2018 年　p.88、pp.85-124
2) Meltzoff, A. N., & Moore, M. K. Imitation of facial and manual gestures by human neonates. *Science*, 198, 1977, pp.75-78

3 ）Fantz, R. L. The origin of form perception. *Scientific American*, 204, 1961, pp.66-72
4 ）小林春美・佐々木正人著『新・子どもたちの言語獲得』大修館書店　2008 年　pp.90-117
5 ）岡本夏木著『小学生になる前後　五〜七歳児を育てる［新版］』岩波書店　1995 年　pp.154-158
6 ）無藤隆著『3 法令改訂（定）の要点とこれからの保育』チャイルド本社　2017 年　pp.54-55
7 ）岩田純一著『子どもの発達の理解から保育へ―個と共同性を育てるために―』ミネルヴァ書房　2011 年　pp.85-92

【参考文献】
岩田純一著『子どもの友だちづくりの世界　個の育ち・協同のめばえ・保育者のかかわり』金子書房　2014 年
木下孝司・加用文男・高橋義信編著『子どもの心的世界のゆらぎと発達―表象発達をめぐる不思議』ミネルヴァ書房　2011 年
子安増生著『「心の理論」から学ぶ発達の基礎　教育・保育・自閉症理解への道』ミネルヴァ書房　2016 年
M・トマセロ著（大堀壽夫・中澤恒子・西村義樹・本田啓訳）『心とことばの起源を探る　文化と認知』勁草書房　2006 年

# 第3章
## 学童期後期から青年期にかけての発達

 **エクササイズ**　　自由にイメージしてみてください

　心が大人になるのは、何歳ころだと思いますか？　また、心が大人になるというのはどういう状態だと思いますか？　子どもの時とはどのようなことが変わり、親や友達との関係はどのようになっていくでしょうか？

# 第3章 学童期後期から青年期にかけての発達

この章のまとめ！

## 学びのロードマップ

- 第1節
  学童期後期（8～12歳）の心身の発達と、この時期の課題や援助について説明します。

- 第2節
  思春期（11～17歳頃）の心身の発達と、この時期の課題や援助について説明します。

- 第3節
  青年期（11～26歳頃）の心身の発達と、この時期の課題や援助について説明します。

### この章の なるほど キーワード

■**心理的離乳**…青年期になり、身体的変化や性的成熟をとげると、これまで依存の対象であった親から心理的に自立することを目指すようになります。親からの自立にあたっては、親への反発や反抗が生じることもありますが、青年期の後半になると互いの考えを認め、理解しあえる対等な関係へと変わっていくと言われています。

最近では第二次反抗期（いわゆる反抗期）があらわれないまま大人になるケースも報告されています。

 はじめに　　子どもは乳幼児期を経て、児童期、青年期を過ごして大人になっていきます。保育者が子どもへの支援を行う場の1つには児童福祉施設等もあり、そこでは児童期や青年期の子どもも支援の対象になります。保育者は、子どもの成長を支援する専門家として、児童期や青年期の発達についても十分に知っておくことが必要です。子どもにより良い支援を行える保育者となるために、学童期後期、思春期、青年期の発達について学んでいきましょう。

## 第1節　学童期後期（8〜12歳）の発達

　学童期は、ちょうど小学校の時期にあたります。急速な発達が見られる乳幼児期と思春期・青年期の間にあって、比較的安定した状態にある時期といえます。また、学童期は小学校に入学し学習活動が始まるとともに、対人関係がさらに広がり、子どもは社会との関わりのなかで成長していきます。幼児期に遊びのなかで培ってきたさまざまな経験を、小学校の学習活動を通して知識として体系化して学ぶことで認知能力がさらに高まり、学校での集団活動や友達とのやりとりによって社会性も育まれます。認知能力、運動能力、社会性など多くの側面で発達が促される時期です。

### 1. 心身の特徴

　児童期後期の心身の特徴として、ここでは特に「認知能力の発達」「道徳性の発達」「仲間関係の広がり」について取り上げます。

#### （1）認知能力の発達

　ピアジェ（Piaget, J.）の認知発達理論では、学童期後期（8〜12歳）の子どものうち8〜10歳の子どもは「具体的操作期[*1]」にあたります。幼児期の「自己中心性」から脱して保存の概念も獲得され、見かけに左右されずに具体的な対象については論理的な思考ができるようになります。しかし、まだ抽象的な概念について論理的に考えることは難しく、11・12歳頃になってから、命題などについても論理的に思考することができる「形式的操作期」に進んでいきます。

　また、児童期に発達する認知能力の1つに「メタ認知」があります。メタ認知とは、次のような能力です。

[*1] 詳しくは第2章 p.41 を参照。

> **メタ認知とは**
> （1）自己の認知についての知識（たとえば、「自分はどのくらいの量の記憶ができるか」）をもち、（2）自分の認知過程の状態（たとえば、「自分は今の話がどうもよくわかっていないようだ」）を把握し、（3）目的に応じて自分の認知行動を制御すること（たとえば、「あとで思い出しやすくするためには、このように覚えればよい」）ができるような機能[1]。

つまり、自分自身の認知過程に対する認知のことであり、学習を行う際に重要な役割を果たしています。

## （2）道徳性の発達

社会のなかで子どもが生きていくためには、その社会で共有されている価値観や規則・規範を学ぶ必要があります。対人関係が広がり、社会との関わりが増えていくなかで、子どもはすでにその社会にある価値観や規則・規範を取り入れ学んでいきます。

ピアジェは、子どもの道徳性は「他律的道徳性」（5〜10歳頃まで）の段階から「自律的道徳性」（10歳頃〜）の段階へと発達していくと考えました。5〜10歳頃までの子どもは、規則は尊敬している大人が決めた絶対的なものであると見なしており、変えられないと考えています（「他律的道徳性」）。

一方、10歳頃の子どもは、規則は永続的なものではなく、相互の同意で作られているものであり、同意があれば変えられるものであると考えるようになります（「自律的道徳性」）。年齢が上がるにつれて、決められた規則を守ることから、自分たちで考え規則を守る段階へと変わってきているといえるでしょう。

## （3）仲間関係の広がり

学年が上がるにつれて、家庭で過ごす時間が減り、友達と過ごすことが増えます。小学校低学年頃までは、家が近い、同じクラスであるといった近接性から友達を選ぶことも多く、外的要因の影響が大きいですが、小学校中学年以降は、性格や趣味が合うといった類似性や逆に違うからひかれるといった相補性を理由に友達を選ぶなど内的要因の影響が大きくなります。

### ①ギャング・グループ

学童期後期は、友達との関係が重要になり、友達と集団を作って遊ぶようになります。特に、小学校中学年頃から男子に多く見られるギャング・グル

ープは、同年齢・同性の数名がグループ（ギャング集団）を作って遊ぶようになるものです。同じ活動をすることで一体感を感じることが重要であり、仲間による承認が大人による承認より重要になるため、大人に禁止されている行動をしたり、仲間との規範を優先することもあります。凝集性が高く、合い言葉や秘密基地をもつなど排他性があることも特徴の1つです。この時期をギャングエイジと呼びます。

### ②チャム・グループ

男子のギャング・グループに対して、女子に特徴的に見られるのは、チャム・グループです。中学生頃に見られ、同年齢・同性の数名のグループです。同じ趣味や関心を通して関係が結ばれ、価値観が共有されます。排他性をもち、いつも一緒に行動する、おそろいのものをもつなど、自分たちがわかりあっていることを確認するような仲間集団です。

こうしたグループのなかでの友達との活動を通して、子どもは人間関係に必要となる社会性を身につけていきます。

## 2. 学童期後期の課題と援助　―発達障害のある子どもへの支援―

学童期では、学校における学習活動と集団活動の占める割合が大きくなってきます。そのため、特に学習活動や集団活動に困難を感じる子どもは、学校での不適応を起こしやすく、自尊感情の低下や劣等感にもつながることが予想されます。学習活動や集団活動に困難を感じる子どものなかには、発達障害のある子どももいます。文部科学省の調査によると、通常の学級のなかに学習面または行動面で著しい困難を示す児童生徒は6.5％いると推定されています[2]。つまり、30人学級であれば1.95人いるということになります。

発達障害[*2]は、中枢神経系に何らかの機能障害があると考えられ、代表的なものとして学習障害、注意欠陥多動性障害、自閉症スペクトラム障害などがあります（表3-1）。

子ども自身もその特徴によって困っていることが多く、周囲の人が特徴を正しく理解し、適切な配慮をすることで子どもの大変さは軽減されることが指摘されています。学習活動が本格的に始まる学童期においては、そうした子どもの特徴に周囲の大人が早めに気づき、適切な支援を行い、二次障害としての不登校やいじめ、ひきこもりなどを予防していくことが重要です。学習活動や集団活動に取り組みながら、有能感を育てていけるように援助していきます。

\*2
発達障害は、名称や定義がさまざまにあり、現時点では揺れ動いているのが実情です。本書では、主に発達障害者支援法や「DSM-5（精神疾患の診断・統計マニュアル第5版）」等に沿って解説していきます。

第3章 学童期後期から青年期にかけての発達

表3-1　代表的な発達障害

| 学習障害 | ・基本的には全般的な知的発達に遅れはないが、聞く、話す、読む、書く、計算する又は推論する能力のうち特定のものの習得と使用に著しい困難を示す様々な状態を指す。<br>・視覚障害、聴覚障害、知的障害、情緒障害などの障害や、環境的な要因が直接の原因となるものではない[3]。 |
|---|---|
| 注意欠陥多動性障害 | ・年齢あるいは発達に不釣り合いな注意力、及び／又は衝動性、多動性を特徴とする行動の障害で、社会的な活動や学業の機能に支障をきたすもの。<br>・7歳以前に現れ、その状態が継続している[4]。 |
| 自閉症スペクトラム障害 | ・「社会性の障害」（対人関係に困難）、「コミュニケーションの障害」（言葉の発達に遅れ）、「想像力の障害」（こだわり）の3つを主症状とする。<br>・知的発達に遅れがある場合から遅れがない場合まで、その状態はさまざま[5]。 |

出典：筆者作成

## 第2節　思春期の発達

　子どもから大人になるまでの移行期として、思春期、青年期があります。思春期は、第二次性徴＊3の発現から身体の急速な変化が終わるまでの時期であり、小学校高学年から高校生くらいまでの時期にあたります。身体の変化（身長・体重の増加、性的成熟）が著しく、それに伴って心理的な変化や人間関係の変化（親からの自立、友人・恋人との親密な関係など）が生じる時期です。

　思春期が身体的・生物学的に大人になるまでの時期であるのに対し、青年期は心理的・社会的に大人になるまでの時期を指します。思春期は、図3－1のように青年期の一部に含みこまれます。田中（2009）は、思春期の課題

＊3
思春期になって現れる身体の性的特徴を第二次性徴といいます。生殖器の違いなど生まれたときからわかる性的特徴は第一次性徴といいます。

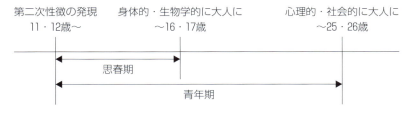

図3-1　思春期と青年期の関係

出典：伊藤美奈子「思春期・青年期の意味」伊藤美奈子編『思春期・青年期臨床心理学』朝倉書店　2006年をもとに一部改変

 ふりかえりメモ：

として「対人関係の変化と親からの心理的自立」「第二次性徴によって生じる身体の変化を受け入れる」「生涯を通じて課題となるアイデンティティ確立への着手開始」をあげています[6]。また、田島（1990）は、青年期の特徴について「性的成熟を導く急激な生物学的成長」「同性との仲間関係の形成を中心として、その一方で、自己の問い直し、孤独に目覚めつつ、異性関係、親子関係を展開させていくといった社会関係の変化」「抽象的思考（形式的操作）の確立」をあげています[7]。つまり、思春期・青年期の主な課題として次の4つがあるといえます。

---

**思春期・青年期の主な課題**

①身体的変化の受容
②人間関係の変化（親からの自立、友人・恋人との親密な関係）
③自我同一性（アイデンティティ）の確立
④抽象的思考（形式的操作）の確立

---

## 1. 心身の特徴

思春期の心身の特徴として、ここでは特に「身体的変化と性的成熟」、「第二次反抗期」について取り上げます。

### （1）身体的変化と性的成熟

思春期には、第二次性徴とよばれる急激な身体的変化や性的成熟が起きます。内臓・骨格が著しく成長し、身長・体重の増加が加速するこの時期の発達を「思春期の発育スパート」といいます。性的成熟については、男子では変声、発毛、精通が、女子では乳房発達、発毛、初経が見られます。身体的変化と性的成熟の始まる時期は、発達加速現象[*4]によって以前に比べ早まっています。発達加速現象の背景には、栄養状況や経済状況の変化、都市化などがあり、思春期は以前より1〜2年早まっていることが指摘されています。また、成長が加速する時期は性別によって差があり、女子は男子より1〜2年早く思春期に入ると考えられます[8]。

思春期には、このように急激な身体的変化と性的成熟が起こり、その受容が課題になりますが、受容には性差、個人差が見られることが指摘されています。

性差については（表3-2）、女子では、発毛や初経に対して否定的反応（「とてもいやだった」「すこしいやだった」）を示すものが約4〜5割であるのに

[*4] 以前の世代より今の世代のほうが、同一年齢で比較した場合、身体的変化や性的成熟が早期化している現象をいいます。近年では、発達加速現象が停滞してきていることも報告されています。

表3-2 性的成熟に対する心理的受容度(%)

| | | | 肯定的反応 | 無反応 | 否定的反応 |
|---|---|---|---|---|---|
| 女子 | 乳房発達 | 2004年調査 | 11.8 | 70.6 | 17.6 |
| | | 1983年調査 | 29.0 | 58.0 | 13.0 |
| | 発 毛 | 2004年調査 | 0.7 | 52.9 | 46.4 |
| | | 1983年調査 | 22.5 | 38.0 | 39.5 |
| | 初 経 | 2004年調査 | 7.5 | 50.2 | 42.3 |
| | | 1983年調査 | 35.7 | 18.6 | 45.7 |
| 男子 | 変 声 | 2004年調査 | 11.4 | 80.4 | 8.1 |
| | | 1983年調査 | 29.0 | 56.5 | 14.4 |
| | 発 毛 | 2004年調査 | 5.8 | 82.1 | 12.1 |
| | | 1983年調査 | 42.2 | 34.4 | 23.3 |
| | 精 通 | 2004年調査 | 8.2 | 79.1 | 12.7 |
| | | 1983年調査 | 50.0 | 30.0 | 20.0 |

注:肯定的反応は「とてもうれしかった」「すこしうれしかった」の合計。無反応は「どちらともいえない」もしくは「別に何とも思わなかった」、否定的反応は「とてもいやだった」「すこしいやだった」の合計。
出典:齊藤誠一「11章 身体的発達」日本青年心理学会企画、後藤宗理他編『新・青年心理学ハンドブック』福村出版 2014年

対し、男子では、発毛や精通に対して否定的反応を示すものは約1～2割程度です。男子に比べ女子のほうが、身体的変化や性的成熟の受容に困難を抱えやすいといえます。また、表3-2からは、時代によっても身体的変化や性的成熟の受容のあり方が変化していることも見てとれます。2004年調査時には、1983年調査時に比べて男女ともに肯定的反応を示すものが減少しており、無反応である割合が最も多くなっています。

　個人差については、そもそも思春期における身体的変化や性的成熟の早さに個人差があり、そのことが受容にも影響していると指摘されています。早熟、晩熟のいずれも、平均的な発達をしている他の子どもとは異なる状況におかれるためリスクをもちやすいこと、また早熟の場合、他の子どもが児童期の課題に取り組んでいるときに青年期の課題にも取り組まなければならず、そこにもリスクがあることが指摘されています。

## (2) 第二次反抗期

　身体的変化と性的成熟によって、子どもは変わっていく自分自身と否応なく向き合うことになり、自己意識の高まり、それに伴う心理的動揺や葛藤といった心理的変化を経験します。思春期の自己意識の高まりには認知の発達も関連しています。ピアジェの認知発達理論によると、思春期は「形式的操作期」にあたり、物事を客観的に考える力や抽象的に思考する力が獲得され、

記憶や知識の拡大、メタ認知のさらなる発達など情報処理能力も高まります。それによって内省する力が高まり、これまで周囲の大人からの働きかけによって作られてきた自分自身を見直し、自己を再構成していきます。その過程において、これまで絶対的な存在であった親や周囲の大人の価値観に対する疑問や反発、批判の気持ちが生じ、第二次反抗期*5につながります。

しかし近年では、第二次反抗期が見られず、思春期においても親子関係は良好なままであることも多いことが指摘されています。第二次反抗期がなく親子関係が良好であることについては、自立への意欲をなくさせてしまうのではないかといった心配をする声もあります。一方で、親との愛着や親密な結びつきは青年期においても重要であり、そうした関係性のもとで健康な心理的自立が促進されるという意見もあります[9]。また、第二次反抗期は子ども側の内的な問題としてだけでなく、親と子どもの双方の要因によって相互作用のなかで生じるといった見方もあり、それまでの親子関係によっても第二次反抗期のあり方は変わってくると考えられます。

> *5
> 幼児期には第一次反抗期が見られます。第一次反抗期が自我の芽生えによるものであるのに対して、第二次反抗期は自己を確立するために生じます。

## 2. 思春期の課題と援助

### （1）身体的変化や性的成熟を受容するための支援

前述のとおり、思春期においては急速に進む身体的変化や性的成熟を受容していくことが課題の1つになりますが、そこには性差や個人差も見られ、その受容に困難を感じる場合もあります。

自分自身の変化に心理的に適応できるかどうかは、急激な身体的変化や性的成熟そのものが問題なのではなく、周囲の状況との適合性の問題であると考えられます[10]。ほかの子どもと比較して早熟である場合、そのことが自信になる場合もありますが、周囲の友人と悩みを共有しづらく、とまどいが大きくなることもあります。一方、晩熟である場合は、変化が遅いことに焦りを感じることもありますが、変化が生じた際には心の準備は整っており受容しやすいといった側面もあると考えられます。つまり、急激な身体的変化や性的成熟に対して、周囲が肯定的な反応を返す場合や子ども自身の心の準備が整っている場合にはその変化を受容しやすくなるといえます。そのため、子どもの発達に合わせて、自分自身に起こる身体的な変化についての情報を理解できるようにしていくことが重要です。

日本性教育協会（2018）が行った「青少年の性行動調査」では、中学生では男子の19.8％、女子の22.7％が、高校生では男子では39.6％、女子では28.4％がインターネットから性に関する情報を得ていることが明らかになっています[11]。インターネットは、知りたい情報を手軽に知ることができる

点でとても便利ですが、その情報はすべてが正しいとは限りません。正しい情報を伝えていくことが求められます。

### (2) LGBT 等

　LGBT は、Lesbian（女性の同性愛者）、Gay（男性の同性愛者）、Bisexual（両性愛者）、Transgender（こころの性とからだの性との不一致）の頭文字から作られた言葉であり、性的少数者の総称として用いられています[12]。

　近年では LGBT 等についても少しずつ理解が深まりつつありますが、思春期は性的成熟により自分自身の性に関しても注目が高まるなかで、性自認（自分の性をどのように認識しているか）や性志向（恋愛・性愛の対象の性別）の受容に悩みが生じ、さらに服装やトイレの問題など実際の生活場面で困難を感じることもあります。また、LGBT のほかに性自認や性志向が定まらない、特定の状況にあてはまらない Q（クエスチョニング）などの類型もあることが指摘されています[12]。

　性的少数者と言われますが、日本では LGBT 等に該当する人は 7.6% 程度とされ、決して少ない人数ではありません[13]。まだ十分に理解されていない部分も多く、周囲の理解のなさから傷ついたり、生活上困る場合もあるため、まず周囲の大人が正しく理解し、適切な対応を考えていくことが必要です。また、身体的変化や性的成熟に関する悩みは相談しにくいことも多いものです。特に、LGBT 等の場合は、悩みや心配を友人など身近な人と相談しながら乗り越えていくことが難しいことが予想されます。すべての子どもにとって相談しやすい場を作っていくことも大切です。

ふりかえりメモ：

# 第3節　青年期の発達

　青年期は、その始まりは思春期の身体的変化や性的成熟と重なります。しかし、思春期が身体的・生物学的変化に注目してとらえた時期であるのに対し、青年期は心理・社会的な変化に注目してとらえた時期であり、就職や結婚への準備などを経て社会的に自立し大人になるまでの時期を指します。その始まりは発達加速現象によって以前より1～2年早くなった一方で、高学歴化や晩婚化などによって青年期の終わりは延長されています。現在では、青年期は11・12歳頃に始まり、およそ25・26歳頃まで続くと考えられています[14]。

　青年期は、その期間が約15年間と長期にわたっており、時期によって特徴が異なるため、さらに2区分（前期、後期）または3区分（前期、中期、後期）に分けて考えられています。表3－3は、加藤・高木（1997）が青年期を3区分に分けた各時期の特徴をまとめたものです[14]。青年期は、身体的変化、性的成熟に伴う心理的変化を経験しながら、幼児期、学童期に周囲の大人からの働きかけによって作られてきた自己を自分自身で作り直していく時期といえます。

表3－3　青年期の3区分

| 時期 | 特徴 |
| --- | --- |
| 青年前期<br>（11歳頃より16歳頃まで） | 心身の変化が激しく、心理的動揺や葛藤の最も著しい時期 |
| 青年中期<br>（20・21歳まで） | 混乱と動揺を経て自己を再構成する時期 |
| 青年後期<br>（25・26歳頃まで） | 精神的安定が回復され、現実社会のなかで自己をどう生かしていくかをはっきりさせてくる時期 |

出典：加藤隆勝・高木秀明編『青年心理学概論』誠信書房　1997年より筆者作成

## 1．心身の特徴

　青年期の心身の特徴として、ここでは特に「対人関係の変化（親からの自立、友人・恋人との親密な関係）」、「自我同一性（アイデンティティ）の確立」について取り上げます。

### （1）対人関係の変化（親からの自立、友人・恋人との親密な関係）

#### ①心理的離乳

　青年期になり、身体的変化や性的成熟をとげると、子どもは親と変わらな

い大人としての体格や体力を得ることになります。また、知的発達も進み、客観的に考えることができるようになると、自分なりの考えをもつようになり、これまで依存の対象であった親から心理的に自立することを目指すようになります。

児童期から青年期にかけての子どもの心理的自立について、ホリングワース（Hollingworth, L. S.）は「心理的離乳」[*6]という言葉で表現しています。青年前期には、親の価値観への反発や批判的態度など親からの自立を目指した対立が強調されますが、その後、青年中期、後期と進むにつれて、子どもと親は互いの考えを認め、対等な人として理解しあうようになり、再び親密で穏やかな関係を取り戻すことが指摘されています。親からの自立は、これまでのタテの関係（権威―服従関係）からヨコの関係（対等な関係）へと親子関係を作り直しているともいえます[15)]。

[*6] ホリングワースによると、「家族の監督から離れ、一人の独立した人間になろうとする衝動」であり、乳児期の離乳と対比して親からの心理面での離乳を意味する言葉です。

②友人の存在

親からの自立にあたって重要な存在になるのが友人です。親からの自立に向けて動き出すものの、未熟な部分や親に依存している部分も多い青年にとって、自立を目指すなかで感じる不安や孤独を共有し支えてくれる存在が友人です。青年期の友人の意味や機能についての研究のなかで、松井（1990）は友人には「安定化機能」「社会的スキルの学習機能」「モデル機能」があることを指摘しています。友人は、親から自立する際に生じる不安感や孤独感、葛藤を共有し心理的な安定を助ける役割を果たします。加えて、自己理解や人とうまく付き合うための社会的スキルの学習を促進し、自分とは異なる考え方を見せてくれるモデルにもなるなど、友人には発達を促す側面があると考えられます[16)]。

現代の青年の友人関係は、SNSの影響によってコミュニケーションに変化が生じています。SNSによって人間関係が広がり、関係が深まるといった反面、SNS上で対話することで関係性が複雑になることや常にやりとりをしていないと不安になることなどが指摘されています。親からの自立に伴い友人と親密な関係を築くなかで、適切な距離が取りにくくなったり、排他的になり、トラブルになりやすい側面もあると考えられます。

（2）自我同一性（アイデンティティ）の確立

アイデンティティとは、「自分とは何者であるかという自己定義、あるいは自分自身はこの社会の中でこう生きているのだという実感、存在意識のようなもの」といわれます[17)]。自分が自分であるという一貫性、過去・現在・

未来にわたる時間的連続性、さらにその自分が他者や社会からも認められるものであることを実感できることが重要です。

エリクソン（Erikson, E. H.）[*7]のライフサイクル論（p.21の図1-2）は、人の生涯を8つの段階に分け、それぞれの時期における「心理的課題」とそれが達成されなかったときの「危機」を対概念として表しています[18]。青年期の心理的課題と危機は、「アイデンティティ 対 アイデンティティ拡散」であり、将来の仕事や自分自身の生き方について悩み、考え、答えを見出すための期間といえます。エリクソンは、青年期を「モラトリアム」と考えました。モラトリアムとは、大人としての責任など社会的義務を猶予され、自由な役割実験を通してアイデンティティを確立する猶予期間を意味します。

アイデンティティの確立は青年期の重要な課題の1つですが、青年期のみで完了するものではありません。生涯を通じて、また職業を決定するだけでなく、宗教、性役割、政治など多くの領域ごとに達成される課題であることも指摘されています。

*7 詳しくは第1章 p.19〜23を参照。

## 2. 青年期の課題と援助

青年期においては、自我同一性（アイデンティティ）の確立と対人関係の変化（親からの自立、友人・恋人との親密な関係）に対応していくことが求められます。とはいえ、人間関係におけるスキルがまだ十分でないために、いじめの問題が起きたり、不安や心理的な動揺による不適応が不登校などにつながることもあります。また、青年期は精神疾患の好発期でもあり、摂食障害、強迫性障害、対人恐怖（社会不安障害）、統合失調症などの精神疾患が生じやすい時期でもあります。ここでは、いじめと不登校、そして青年期に起こりやすい精神疾患として摂食障害について取り上げます。

### （1）いじめ
#### ①いじめとは
文部科学省のいじめの定義は次のようになっています[19]。

いじめは絶対にいけません！

> 当該児童生徒が、一定の人間関係のある者から、心理的、物理的な攻撃を受けたことにより、精神的な苦痛を感じているもの

いじめにはインターネットを通じて行われるものも含まれます[19]。平成29年度のいじめの認知（発生）件数は、小学校31万7,121件、中学校8万

424件であり、これまでで最も多くなっています（図3－2）[19]。この件数の増加には、ささいなトラブルと大人側が感じるものであっても、子どもがいじめと感じたものはすべていじめとして数え、確実に対応していこうという意図のもと、以前に比べ積極的に数が計上されているという背景もあります。

いじめの認知（発生）件数を学年別で見ると、小学校と中学1年生で多く、その後は減少を示します（図3－3）。これには、子どもの発達が影響しており、人間関係におけるスキルの発達が影響していると考えられます。また、思春期には互いの個別性を許容することは難しく排斥が生じやすいのに対し、

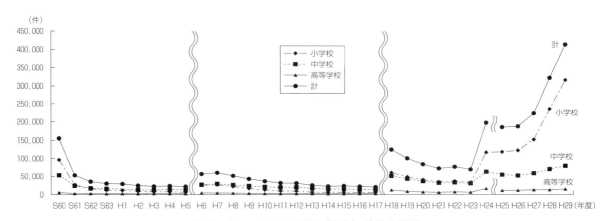

図3－2　いじめの認知（発生）件数の推移

注：平成5年度までは公立小・中・高等学校を調査。平成6年度からは特殊教育諸学校、平成18年度からは国私立学校を含める。
　　平成6年度及び平成18年度に調査方法等を改めている。
　　平成17年度までは発生件数、平成18年度からは認知件数。
　　平成25年度からは高等学校に通信制課程を含む。
　　小学校には義務教育学校前期課程、中学校には義務教育学校後期課程及び中等教育学校前期課程、高等学校には中等教育学校後期課程を含む。
出典：文部科学省「平成29年度　児童生徒の問題行動、不登校等生徒指導上の諸課題に関する調査結果について」2018年

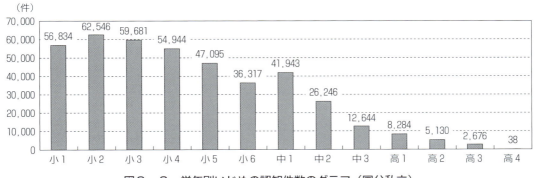

図3－3　学年別いじめの認知件数のグラフ（国公私立）

出典：文部科学省「平成29年度　児童生徒の問題行動、不登校等生徒指導上の諸課題に関する調査結果について」2018年

高校生くらいになると互いの個別性も認められるようになるといった変化があるものと推測されます。

### ②いじめの構造

いじめは「加害者」であるいじめっ子と「被害者」であるいじめられっ子だけで成立しているのではありません。その周囲には「観衆」と呼ばれるいじめをはやしたておもしろがっている子ども、「傍観者」と呼ばれる見てみぬふりをしている子どもがおり、四層構造を成していることが指摘されています[20]。「観衆」や「傍観者」の存在は、時にいじめを積極的、消極的に支持する存在となってしまうことから、いじめは「加害者」と「被害者」だけの問題であるととらえるのではなく、その集団全体の問題として考えていく必要があります。

また、加害者側の心理として、社会的能力の未熟さや欲求不満、さびしさ、嫉妬などがあり、加害者自身も不安定な心理状態にあることが多いといえます。子どもの自尊感情を高め、日々の生活が充実したものとなるよう予防的な働きかけをするとともに、いじめは時に自殺といった重大な問題につながることを子どもにも理解させ、周囲の大人がいじめは絶対に許さないという姿勢を示すことが重要です。近年では、SNSによるいじめも増加しており、いじめがこれまで以上に大人からは見えにくくなっています。SNSによるいじめの特徴として、「非対面」「匿名」であるために相手の痛みを感じにくい、時間や場所の制約がなく逃れにくいといった難しさも指摘されており、注意していく必要があります。

## （2）不登校

### ①不登校とは

文部科学省は不登校を次のように定義しています[19]。

> 何らかの心理的、情緒的、身体的あるいは社会的要因・背景により、登校しないあるいはしたくてもできない状況にあるため、年間30日以上欠席した者のうち、病気や経済的な理由による者を除いたもの

平成29年度には、小中学生における不登校児童生徒数は14万4,031（1.47％）にのぼり、特に中学校では31人に1人が不登校状態になっています（図3-4）[19]。

# 第3章 学童期後期から青年期にかけての発達

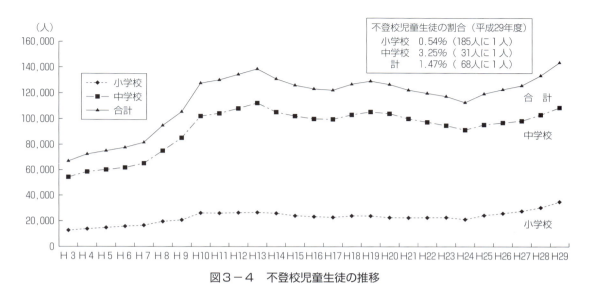

図3-4 不登校児童生徒の推移

出典：文部科学省「平成29年度 児童生徒の問題行動、不登校等生徒指導上の諸課題に関する調査結果について」2018年

表3-4 不登校の要因

| 要因 | | 小学校 | 中学校 |
|---|---|---|---|
| 学校に係る状況 | いじめ | 256 (0.7%) | 467 (0.4%) |
| | いじめを除く友人関係をめぐる問題 | 6,621 (18.9%) | 30,759 (28.2%) |
| | 教職員との関係をめぐる問題 | 1,406 (4.0%) | 2,431 (2.2%) |
| | 学業の不振 | 4,918 (14.0%) | 23,738 (21.8%) |
| | 進路に係る不安 | 350 (1.0%) | 5,311 (4.9%) |
| | クラブ活動・部活動等への不適応 | 87 (0.2%) | 2,967 (2.7%) |
| | 学校のきまり等をめぐる問題 | 718 (2.0%) | 3,773 (3.5%) |
| | 入学・転編入学・進級時の不適応 | 1,360 (3.9%) | 7,631 (7.0%) |
| 家庭に係る状況 | | 18,942 (54.1%) | 33,574 (30.8%) |
| 上記に該当なし | | 5,824 (16.6%) | 17,186 (15.8%) |

出典：文部科学省「平成29年度 児童生徒の問題行動、不登校等生徒指導上の諸課題に関する調査結果について」2018年

## ②不登校の要因

不登校の要因としては、学校に係る状況のなかでは「いじめを除く友人関係をめぐる問題」が小学校18.9％、中学校28.2％、「学業の不振」が小学校14.0％、中学校21.8％と多くなっています（表3-4）[19]。それ以外にも、「いじめ」「教職員との関係をめぐる問題」「進路に係る不安」「クラブ活動・部活動等への不適応」「学校のきまり等をめぐる問題」「入学・転編入学・進級時の不適応」など多様な要因がうかがえます。また、親子関係や家庭内不和

など家庭に係る状況が、小学校54.1％、中学校30.8％となっています[19]。

　不登校のきっかけとなりうる学校でのストレス状況はさまざまですが、友人関係や学業が大きなきっかけになると考えられます。幼少期からソーシャルスキルや困難な状況に適応する力である「レジリエンス」を高めることが求められます。また、不登校の背景に家庭の貧困の問題があることもあります。家庭環境や保護者の状況にも目を向けて支援を行っていくことが必要です。

### （3）摂食障害

無理なやせすぎは注意！

　摂食障害は、体重や体型に対する強いこだわりをもち、体重が増えるのを防ぐために食事の制限や嘔吐、下剤の乱用等が見られるものです。主に「神経性やせ症（拒食症）」と「神経性過食症（過食症）」にわけられます。

　神経性やせ症は、正常な体重を大きく下回っているにもかかわらず太ることへの強い恐怖感があり、食事をとらない、嘔吐や下剤などの乱用によって体重の増加を防ぐ行動が見られます。自分自身の体型に対するイメージの歪みがあり、かなりやせているにもかかわらず、本人は深刻に感じていません。

　神経性過食症は、多くの人が一定時間内に食べる量よりも明らかに多い食物を一定時間内に食べてしまう過食が繰り返され、食べることを抑制できないという感覚をもち、体重増加を防ぐための嘔吐、下剤の乱用等が習慣的に行われているものです。

　神経性やせ症、神経性過食症ともに男性より女性に多く見られます。神経性やせ症は10代半ば頃に多く発症するのに対し、神経性過食症は10代後半～20代前半に発症することが多いとされます。原因は、生物学的、心理的、社会的な要因が複雑に絡んでいると考えられています。

　神経性やせ症では、正常な体重を大きく下回ると、脈拍数の減少や低体温、低血圧、骨粗しょう症、さまざまな運動障害や意識障害などを引き起こし、死に至ることもあります。入院治療や心理療法（認知行動療法や家族療法など）が行われることもあります。精神疾患については、医師や心理などの専門家[*8]と連携して対応していくことが重要です。

---

[*8] 複雑かつ多様化する心の健康問題に対応するため、心理職の国家資格「公認心理師」が2019年に誕生しました。その他、「臨床心理士」「学校心理士」「臨床発達心理士」「産業カウンセラー」など多くの心理の民間資格もあります。

第3章 学童期後期から青年期にかけての発達

 演習課題

**Q** SNSの影響について考えてみましょう。

**ホップ**　SNS（LINEやTwitterなど）の良さと難しさを箇条書きであげてみよう。

……………………………………………………………………………………………………

……………………………………………………………………………………………………

……………………………………………………………………………………………………

**ステップ**　SNSが自分の人間関係にどのような影響を及ぼしているかを考え、周りの人と話し合ってみましょう。

……………………………………………………………………………………………………

……………………………………………………………………………………………………

……………………………………………………………………………………………………

**ジャンプ**　SNSの影響について文章にまとめてみましょう。

……………………………………………………………………………………………………

……………………………………………………………………………………………………

……………………………………………………………………………………………………

● 発展的な学びへつなげる文献

- 谷冬彦・宮下一博編『さまよえる青少年の心―アイデンティティの病理』北大路書房　2004年
  アイデンティティについて、多くの例をあげながらまとめられており、自分自身について振り返って考えるのにも役立つ内容です。
- 大平健『やさしさの精神病理』岩波書店　1995年
  精神科医の臨床経験をもとに、時代とともに"やさしさ"が変わり、それとともに人間関係が変わってきている様子がわかりやすく書かれています。今でもとても共感できる内容です。

【引用文献】

1）市川伸一「第3章　青年の知的発達」無藤隆・高橋恵子・田島信元編『発達心理学入門Ⅱ―青年・成人・老人』東京大学出版会　1990年　p.44
2）文部科学省「通常の学級に在籍する発達障害の可能性のある特別な教育的支援を必

要とする児童生徒に関する調査結果について」2012 年
3 ) 文部科学省「学習障害児に対する指導について（報告）」1999 年
4 ) 文部科学省「今後の特別支援教育の在り方について（最終報告）」2003 年
5 ) 内山登紀夫「第 1 章　高機能自閉症・アスペルガー症候群とは何か」内山登紀夫・水野薫・吉田友子編『高機能自閉症・アスペルガー症候群入門　正しい理解と対応のために』中央法規出版　2002 年　pp.11-24
6 ) 田中志帆「Ⅶ　問題を理解する（アセスメント）　ライフサイクルと心理的問題　4　思春期と心理的問題」下山晴彦編『やわらかアカデミズム・＜わかる＞シリーズ　よくわかる臨床心理学［改訂新版］』ミネルヴァ書房　2009 年　p.104
7 ) 田島信元「第 1 章　青年・成人・老人を生涯発達に位置づける」前掲書 1 )　p.2
8 ) 加藤隆勝「第 1 章　「青年」の由来と青年期の位置づけ」加藤隆勝・高木秀明編『青年心理学概論』誠心書房　1997 年　p.11
9 ) 平石賢二「Ⅴ　家族と友人　1　青年期の親子関係の特徴」白井利明編『よくわかる青年心理学』ミネルヴァ書房　2006 年　p.77
10 ) 山岸明子「第 2 章　青年の人格発達」前掲書 1 )　p.15
11 ) 日本性教育協会『「青少年の性行動」第 8 回調査報告』　2018 年
12 ) 中西絵里「LGBT の現状と課題―性的指向又は性自認に関する差別とその解消への動き―」『立法と調査』No.394　2017 年
13 ) 電通ダイバーシティ・ラボ『LGBT 調査 2015』2015 年
14 ) 前掲書 8 )
15 ) 伊藤美奈子「うちの子、反抗期がないんです【前編】」ベネッセ　2014 年
https://benesse.jp/kyouiku/201412/20141203-1.html
16 ) 松井豊「友人関係の機能」斎藤耕二・菊池章夫編『社会化の心理学　ハンドブック』川島書店　pp.283-296
17 ) 遠藤利彦「7　性的成熟とアイデンティティの模索」無藤隆・久保ゆかり・遠藤利彦『現代心理学入門 2　発達心理学』岩波書店　1995 年　p.119
18) Erikson,E.H. *Identify and the Life cycle.* New York：International Universities Press.1959（小此木啓吾編訳『自我同一性』誠信書房　1973 年）
19 ) 文部科学省「平成 29 年度　児童生徒の問題行動、不登校等生徒指導上の諸課題に関する調査結果について」2018 年
20 ) 森田洋司「Part 1　いじめ、いじめられ　―教室では、いま―」森田洋司・清水賢二『新訂版　いじめ―教室の病』金子書房　1994 年　pp.48-52

【参考文献】
一般財団法人日本心理研修センター「公認心理師とは」http://shinri-kenshu.jp/guide.html
KOMPAS 慶應義塾大学病院　医療・健康情報サイト「摂食障害」http://kompas.hosp.keio.ac.jp/sp/contents/000583.html

# 第4章
## 成人期・老年期における発達

**エクササイズ**　　自由にイメージしてみてください

老後（65歳前後）になったら、あなたはどのような人生を送りたいですか？また、その頃の日本はどのような状況になっていると思いますか。

# 第4章 成人期・老年期における発達

**この章のまとめ！**

## 学びのロードマップ

● 第1節
　成人期（25歳～60歳頃）の発達と、この時期の課題や援助について説明します。

● 第2節
　老年期（60歳～亡くなるまで）の発達と、この時期の課題や援助について説明します。

### この章の なるほど キーワード

■ **クオリティ・オブ・ライフ（QOL）**…QOLはQuality of Lifeの略で、生活の質を意味します。一人一人の生活の質をいかに豊かにするかが問われています。

いまや「人生100年時代」ともいわれます。長い人生を豊かに過ごすにはモノやお金だけに頼るのではなく、発想の転換が必要です。

# 第1節　成人期の発達

## 1. 成人期をめぐる社会状況

### （1）ライフコースの多様化

　成人期は、一般的にいうと25歳ぐらいから60歳までの中年期までを指すことになります。エリクソン（Erikson, E.H.）の漸成発達理論において、前成人期と成人期に相当し、一般的には成人期から中年期という言葉で表される年齢になります。この時期は青年期の危機を脱して職業に就き、仕事への充実感を感じながら恋愛をして、結婚に至っていく。そして子どもを産み育て、生活を安定させていく時期になるというのが、一般的なイメージのライフコース[*1]といえるでしょう。

　しかし、現代は多様な価値観を認める社会へと変化しつつあるので、女性であれば50年前までの専業主婦になるライフスタイルの価値観は崩れ、キャリア志向が高まり、結婚しない、子どもを産まないというライフコースも1つの選択肢といえます。そういった多様な価値観が認められる社会では、発達の過程で新たな課題も認められるようになってきました。発達は時代により求められる課題が変化したり、新たに追加されたりと時代状況に大きく左右されていきます。現代における成人期の社会問題としては、ニートや引きこもり、結婚、子育て（保育環境）などがあげられるでしょう。

### （2）ニート（若年無業者）

　1990年代中頃からのバブル崩壊による経済の低迷や求人倍率の低下、大学生の就職求人数の低下なども相まって、高校や大学を卒業しても定職に就けない若者が増えてきました。それは日本だけの現象ではなく、世界経済の低迷は世界中の若者から労働意欲を奪っていき、何も生産的なことをしない若者が増えていきました。2000年代初め頃に英国から「NEET」（ニート）という言葉が入ってきて、日本においても瞬く間に広まっていきました。

　ニートとはNot in Education, Employment or Trainingの頭文字を取っており、教育を受けず、働かず、職業訓練も行っていない若者を表す言葉です。日本においては、似た概念として「若年無業者」という言葉を厚生労働省が使用しています。「若年無業者」は15～34歳の非労働力人口のうち、未婚で家事も通学もしていない者と定義されています。よって、働かず、家事もせず、通学もしないで遊んでいる若者などは、そこに含まれていきます。

　ただし、現実的には、自分の状況に自ら脱することもできず、働きたいけれど働けずに苦しんでいる若者がほとんどであり、その若者は家に閉じこも

[*1] 人生のさまざまな出来事を選択し歩んできた道筋と、これからどのように生きていくのかという計画による道筋を示すものです。

第4章 成人期・老年期における発達

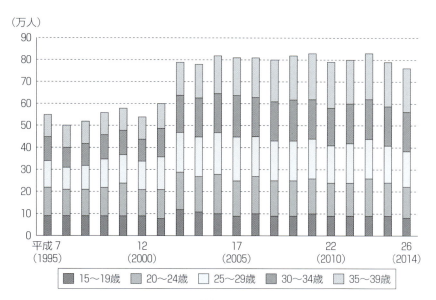

図4-1　若年無業者の推移

出典：総務省「労働力調査」2015年

ってしまっています。そのような若者を「ひきこもり」と称して、現代の大きな社会問題として取り上げられています[1]。

WHOの主導する世界精神保健（World Mental Health, WMH）調査に参画したこころの健康についての疫学調査（川上, 2007）によれば、「ひきこもり」を経験したことがある者は1.1%で、現在「ひきこもり」の状態にある世帯は0.56%でした。ここから「ひきこもり」を抱えている推定世帯数は約26万世帯とされています[2]。

そして、この「ひきこもり」といわれる者が問題になり始めて20年以上経ち、状況の変化がみられないことから新たな問題が生じてきています。90年代当時に「ひきこもり」になった若者も、30年の時を経て、現在50歳前後の年齢に達しています。そしてその親は80歳という年金を主とした生計の中で介護を必要とするような年齢になり、自分の子どもの面倒をみる年齢ではなくなってきているのです。自分が他者に面倒をみてもらわなくてはならないにもかかわらず、子どもの面倒をみなくてはならないという状況を称して「8050問題」と呼ばれ、近年大きな問題になりつつあります。

> **注目ワード　8050（はちまるごおまる）問題**
>
> 「ひきこもり」が長期化する中で国が40歳以上の「ひきこもり」の実態を把握していないために、潜在的な社会問題としてあげられた名称。高齢の親により経済的な問題が「ひきこもり」家庭にのしかかり、親子共々社会から孤立してしまうことが危惧されています。実情を把握するために平成30年に内閣府による調査の予算が付きました。

### （3）結婚できない若者たち

　バブル崩壊後からリーマン・ショックなど長い経済低迷期を経験してきた日本においては、その時期に就職する年齢にあった若者は不遇な状況に陥りました。正規雇用に就くことができない若者が溢れ、経済的に結婚して家族を養う自信がないなどの理由で結婚を先送りしたり、あきらめる人が出てきました。また、社会への女性進出の結果、女性の経済的自立が進み結婚の必要性を感じない女性も増えました。その結果、都市部では晩婚化が進み、男性においては50歳までに一度も結婚したことがない人が約4人に1人の割合まで進んでいます。女性は7人に1人の割合です（図4－2）。結婚したとしても共働き家庭が増え、子育てがしにくい社会情勢になり少子化が問題となっています。

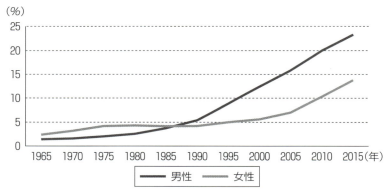

図4－2　50歳時の未婚割合（生涯未婚率）

出典：国立社会保障・人口問題研究所「人口統計資料集」2018年

### （4）子育てをめぐる状況

　子育てをめぐる問題としては、保育所等に入ることができない待機児童の問題などが昨今の子育てに関する社会問題としてよくあげられています。共

# 第4章 成人期・老年期における発達

働き家庭が増えている現代において、保育所には入れるかどうかは非常に大きな問題です。このように、子育てに対して厳しい社会環境のなか、一方では離婚やシングルマザーの増加、再婚によるステップファミリー[*2]など新たな問題も出てきています。そのような個別の状況などを理解して配慮できる知見が、保育者にも求められています。

[*2] 再婚家庭のなかで、夫婦のどちらかまたは両方に子どもがいて、これから新しい家庭の形を模索していく家族形態をいいます。その家庭でさまざまな問題やストレスに晒され、何かしらの支援が必要となることもあります。

## 2. 成人期の課題と援助

エリクソンの漸成発達理論（心理社会的発達段階論）では、成人期初期（第Ⅵ段階：前成人期）は20代後半〜30代になり、一般的な中年期（第Ⅶ段階：成人期）が40代〜50代になります。成人期初期（前成人期）の課題である心理的危機は「親密 対 孤立」であり、中年期は「世代性 対 停滞」となっています（第1章 p.21の図1−2を参照）。

### （1）成人期初期の課題と危機

成人期初期は、青年期のアイデンティティの確立（自我同一性の確立）により自分の問題がとりあえず一段落したことから、他者と関係を深めていく心の余裕ができてきます。自分のことに精一杯であった青年期を抜けて、特定の他者と「親密」な関係を築いていくことが課題となります。

一般的には、恋愛から結婚へと進むことになり、「愛」を得ることになります。しかし、それに失敗してしまうと、他者と「親密」な関係をもつことができないことによる「孤立」がおとずれることになります。「孤立」は、誰からも目を向けられぬ状態にあることへの恐怖です。この恐怖を背後に感じながら他者と「親密」な関係を築くことにより、特定の他者や集団とコミット（関与）できるようになっていくのです[3]。

### （2）他者との関わり

現代の社会状況において、ニートのように仕事や学びに対してコミットすることができない問題は、アイデンティティの確立（自我同一性の確立）の問題と重なります。そして、その延長上に他者や集団（組織）とより良い（親密な）関係をもつことができないと孤立に襲われてしまい、集団のなかではそれが際立つがゆえに、孤独になってしまうことになるのです。エリクソンは、「自己同一性についての確信の持てない青年は、人間関係の親密さからしりごみしてしまう」[4]と述べています。そういった危機を乗り越え、友人と親密な関係を築いたり、サークルなど趣味の仲間と親密な関係を築けるとそこから世界が拡がっていくことができるのです。

他者との関係が豊かになれば、そのなかからもっと関係を深めていきたいという欲求に駆られるようになります。そして特定のパートナーと親密な関係を築くことができれば、2人の生活が育まれていきます。それは後に結婚へとつながっていくかもしれません。2人の生活を作るということは、他を排するという意味が含まれます。エリクソンによれば、親密性にはある程度の排他性も不可欠だといいます。結婚生活を維持しつつ、他の友人や職場の同僚などとの付き合いをしていくためには、人間関係のバランス感覚が重要になります。つまり、常に「親密性」と「排他性」という心理的不協和の状態にあり、難しい舵取りをしなければいけないのが人間社会なのです。

### （3）中年期の課題と心理的危機

　次の段階では、「世代性（ジェネラティヴィティ）対 停滞」という心理的危機がおとずれます。特定のパートナーと親密な関係を築いた結果、その相手との子どもというふたりの愛の結晶を残したいという気持ちになっていきます。愛する子どもを得ることができたとき、「世話」という徳を得ることになります。

　エリクソンが語った成人期における「世代性（ジェネラティヴィティ）」は＜後続する世代（子世代）への関わり＞のみなのですが、中年期の後半には、子どもの世話から自分の親の世話をすることになっていきます。現在では、高齢期が長くなり、元気な高齢者が多くなったために、自分の親の世話は実質的に老年期へ移ってからとなることが多くなります。西平（2014）によれば、「世代性（ジェネラティヴィティ）」の危機の1つに、「子離れ」があるといいます[5]。晩婚化が進んだ現代においては、この危機も中年期後半から次の老年期へとシフトしているといえるでしょう。

　また、「世代性（ジェネラティヴィティ）」は、子どもを産み育てることだけではなく、新しいものを作ることや次世代のものを育てるような人材育成、今まで存在しなかった新たなものを生み出すクリエイティブなものまで含んでいます。そういう意味では、次世代の子ども達を育てていく仕事である保育者は、まさに「世代性（ジェネラティヴィティ）」の仕事といえるでしょう。

### （4）世話をすることの重み

　現在では、愛する子どもを宿したことを喜びではなく、その命の重みに対しての責任にプレッシャーを感じてしまい、出産後に子育てによるうつ状態に陥ってしまうことがあります。これを「産後うつ」といいます。国立成育医療研究センターの人口動態統計の調査研究（2015～2016年）によると、妊娠中・産後1年未満の女性の死亡の原因の1位が自殺（102人）です。2

位以降の他の原因とくらべて3倍以上となっています。この自殺例を詳細に検討してみると、「35歳以上、初産婦、および仕事をしている者のいない世帯の産褥婦において自殺率が高かった」[6]ことがわかっています。

　身体的な病気ではなく、こころの病による死はソーシャルサポートにより救われる可能性が高くなります。核家族が増え、特に東京をはじめとする都市部では、自分の両親をはじめとする他者からの援助が得られず、孤立したなかで子育てをすることになることが少なくありません。そういった社会状況のなかでは、他者に助けを求めることも大切な能力になります。これは心理社会的発達段階の第Ⅵ段階の心理的危機の「孤立」にもつながる問題といえます。

　他者へとのつながりを作ることが、次の段階でも自分を守ることになることがわかります。しかし、自らそういった能力を獲得できない人もたくさんいます。子育ての悩みを母親と共に一緒に考え、一緒に悩み、共に喜ぶことができる保育者は、悩み多き母親にとって心強い存在となることでしょう。

## 第2節　老年期の発達

### 1. 老年期をめぐる社会状況

#### （1）クオリティ・オブ・ライフ

　老年期は、一般的にいうと60歳から亡くなるまでを指す年齢段階ということになります。現代の社会状況では定年退職が65歳となり、年金の支給開始年齢も高齢社会に合わせて後年へずらしています。平均寿命の上昇から今後ますます労働年齢の引き上げなども検討されていくかもしれません。平均寿命が高くなることは必ずしも良いことばかりではありません。定年後のための貯蓄を使い果たし、少ない年金で生活をしなければならなくなり、晩年の家庭経済が困窮してしまう恐れもあります。少ない生活費でより良い生活を送るためには、ものを所有することが良いという価値観を捨てて、心を豊かにした生活を送れるよう価値観の転換が必要になります。生活の質を豊

いずれ私たちも直面することですよ〜

ふりかえりメモ：

かにすることを QOL（Quality of Life）といい、高齢者福祉政策にもその概念が取り入れられています。

老年期には、加齢による身体的変化が顕著になる時期です。見た目の変化だけではなく、体力などの衰えを実感したりすることもあり、自己の変化を加齢により突きつけられていきます。また、社会的な変化も劇的に変化していきます。定年退職により、社会的役割から一度身を引くことになります。また、家族内においても、子どもが就職や結婚などにより家を出て行き、夫婦ふたりだけの生活に戻るなど生活が一変するライフイベントがあります。QOL の高い生活を送るためにはどのようにすれば良いのか、長い老年期においては重要な問題といえます。

## 2. 心身の特徴

### （1）身体の加齢

老年期には多くの心身の変化に気づくようになっていきます。わかりやすいところでは、白髪が増えたり、髪の毛が薄くなっていくなど頭髪の変化が起こります。また、皮膚は潤いが少なくなり、しわやシミなどが増えていきます。身長は縮んでいき、腰は曲がり、全体的に小さく見えるようになっていきます。このように、見た目の変化だけでも多くの変化が起こっていきます。また、目に見えない身体能力や感覚機能も変化していきます。

たとえば、視覚機能では、40 代から老眼といわれる手元 30cm の読書距離が見えづらくなる症状に気づいてきます。医学的には老視といい、対象物とのピント調整を行う水晶体の周りに付いている毛様体筋の収縮力の低下や水晶体自体の弾性が衰えた結果によって生じます。これらは長い発達期間における成長の結果として生じているといわれています。

また、視覚機能では水晶体が黄褐色に変色したり、白濁することにより外界から光量の取り入れが難しくなり、対象物をしっかりと認知するためには明かりが必要になってきます。

### （2）個人差が大きい加齢

他の感覚機能も衰退していき、聴覚では 3000Hz 以上の高音が聞き取りにくくなっていきます。近年、モスキートサウンドといって、若者が集まる公園などに若者しか聞こえない周波数の音を鳴らすことにより、たむろする若者を減らすことに成功して話題になりました。その他、嗅覚や味覚、触覚なども低下していきます。いずれも刺激を受け取るための感覚細胞（たとえば味覚であれば味蕾）の減少が原因です。ただし、すべての高齢者が年齢と共

に同じように低下していくわけではありませんし、細胞の減少ほど知覚が減少しているわけではありません。

　常に鋭敏な舌の感覚を必要とする一流料理人では、日々感覚を研ぎ澄ましており若者に決して負けているわけではありません。味の記憶などたくさんの経験が、神経生理学的な欠損を補っていくのです。高齢の現役ミュージシャンなどは、仕事で高音にも多く触れており、また意識して知覚しているために機能低下がみられないことも少なくありません。あくまでも平均的な高齢者の問題であり、専門の仕事に関わるような機能であれば、高齢であっても高い感覚機能を維持していることも多くみられるのです。このようなことから高齢者の心身機能の問題は個人差が大きいといえるでしょう。

### （3）認知機能の変化

　高齢になれば、認知機能なども低下していきます。代表的なのが記憶の低下です。電話番号を覚えるような一時的に記憶を保つような短期記憶や「昨日カレーうどんを食べた」というような「いつ、どこで何をした」記憶であるエピソード記憶などは、高齢になるにつれて記憶能力が衰えていきます。しかし、「鯨は哺乳類である」などの言語的な知識に関する記憶のような意味記憶は、比較的高齢になっても保たれていることがわかっています[7]。経験による積み重ねられた意味記憶は、より強固に記銘され、忘れにくくなっているのです。記憶の種類によっても異なることがわかっていますが、これらについても個人差が大きいといわれています。

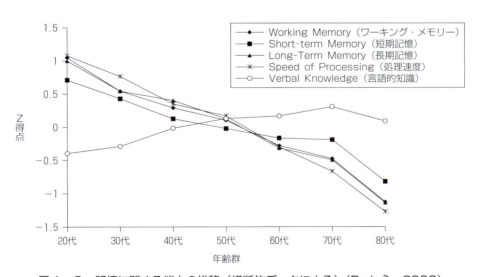

図4－3　記憶に関する能力の推移（横断的データによる）（Parkら，2002）

## 3. 老年期の課題と援助

### （1）加齢を受け止めること

　老年期には、今までの発達段階にはなかったような心理的な危機が訪れてきます。心身機能の変化への対応は、さまざまな機能が衰退していくことへの対応であり、物事が好転するようなことはありません。基本的にはさまざまな喪失体験をしていくことになります。目が見えにくくなり、音が聞こえにくくなって、外の世界へ出ることへの不安が募り、運動機能も衰えることから外へ出かけていくことも面倒くさくなっていきます。そして、認知機能も低下し、ものごとを判断する能力なども遅くなっていきます。

　たとえば、自動車などを運転することが難しくなり、自動車免許を自主返納する高齢者も出てきています（交通状況が不便な地域では返納は進んでいません）。心身共に衰退していく自分を自覚し、向かい合い、その事実を受け止めなければならなくなるのです。それは非常に大変なことです。

### （2）加齢によるアイデンティティの喪失

　岡本（1994）によれば、中年期と老年期前後にはさまざまな自己意識の変化によるアイデンティティの危機をともなう転換期があるといいます。60代になると社会機能や家族機能も変化していきます。会社などで働いている人は、定年退職することになります。その結果、今までは「○○会社の部長の○○です」などと自己紹介できていたものが、職と立場を失うことで自らを説明する言葉を失ってしまうのです。また、家庭では子どもが就職や結婚などで家を出ることにより、1つの役割を失っていきます。つまり、母親としての自分や父親としての自分などの役割を失ってしまい、子どもの世話をすることを生きがいと感じていればいるほど、その役割の喪失は心に大きな傷を負うことになります。このことを、鳥の雛たちが巣を飛び立っていき、空っぽになり寂しくなった巣にたとえて「空の巣症候群」といいます。

　「空の巣症候群」も先の心身のさまざまな喪失と同じく、役割の喪失であり、高齢になり大切なものを失っていく心理過程のなかに重く位置づけられています。定年退職による役割の喪失や「空の巣症候群」による役割の喪失は、「アイデンティティ（自我同一性）の喪失」ともいえます。

　よって、新たな「アイデンティティを獲得」することが大切になってくるのですが、そこに至るまでに1つのものにコミットするのではなく、趣味や地域との関わりなど幅広く関わることができる場所（心のよりどころ）を見つけておくことが大切といえるでしょう。

## （3）統合対絶望

　エリクソンの漸成発達理論（心理社会的発達段階論）では、高齢期（第Ⅷ段階：老年期）は60代以降になりますが、人生80年時代においては20年〜30年あまりが最後の段階となります。老年期の課題である心理的危機は「統合　対　嫌悪、絶望」となります。定年退職など社会的役割からの解放は、自分の人生が残り少ないことをも自覚させます。それは自分の人生を振り返る機会を与え、現在の状況と過去を回顧することにより、自分のいくつかのターニングポイントに思いをめぐらせることになるでしょう。

　現状に比較的満足していれば、良き人生として受け入れることもたやすいかもしれませんが、今の人生に満足していなければ、人生の選択肢をどこかで間違えたのではないかと後悔することもあるかもしれません。しかし、過去をいくら振り返って後悔しても、残された時間は少なく取り戻すことは決してできません。過去をうらやんでしまうとそこには「絶望」しか待っていないのです。過去の人生の良いことも悪いことも包括的に受け入れることができ、その結果いまの自分がいるのであるということをしっかりと受け止めることができれば、良き人生であったと思えるのです。そのような境地に至れば「統合」という平安な心の状態で最後を迎えることができると考えられます。そして、「統合」に至ったものは「英知」を得ることになるのです。迫り来る死に対して、恐れることなく自然なものとして受け入れるためには、この「英知」が大きな役割を果たすと考えられます。

 ・・・・・・・・・・・・・・・・・・

**Q** 成人期と中年期、老年期について理解を深めていきましょう。

　　　各段階の発達課題を表に記入してみましょう（①）。

　　　　　各段階の大人と保育対象となる年齢の子どもとの関わりには、どのような場面があるかを書き出してみましょう（②）。

**ジャンプ** 各段階における子どもとの関わりの効用についても合わせて考えて記入してみましょう（③）。

| 発達段階 | 発達課題 | 子どもとの関わり |
|---|---|---|
| | | 効　用 |
| 成人期 | ① | ② |
| | | ③ |
| 中年期 | ① | ② |
| | | ③ |
| 老年期 | ① | ② |
| | | ③ |

●発展的な学びへつなげる文献
- 宮原英種監修、稲谷ふみ枝著『高齢者理解の臨床心理学』ナカニシヤ出版　2003年
　　臨床心理学の視点から高齢者の心理についてアプローチしている数少ない本です。内容は知能や記憶からカウンセリング、精神障害まで多岐にわたる。大変読みやすい本です。
- 佐藤眞一・権藤恭之編著『よくわかる高齢者心理学』ミネルヴァ書房　2016年
　　高齢者心理学について事典のような形式で、19章104項目を各見開き2ページで解説する本です。網羅的に高齢者心理学の諸問題を理解することができます。
- 髙橋惠子・湯川良三・安藤寿康・秋山弘子編『発達科学入門［3］』東京大学出版会　2012年

乳児から高齢者まで発達心理学の第一人者たちが、書き下ろした入門書です。入門書とはいえ3巻構成になっており、内容も難しくなります。より専門的に発達心理学を学びたい学生におすすめです。

【引用文献】
1）厚生労働省「ニートの状態にある若年者の実態及び支援策に関する調査研究」2007年
　　https://www.mhlw.go.jp/houdou/2007/06/h0628-1.html
2）川上憲人「こころの健康についての疫学調査に関する研究」平成16～18年度厚生労働科学研究費補助金（こころの健康科学研究事業）総合研究報告書　2007年　pp.1-21
　　https://www.khj-h.com/wp/wp-content/uploads/2018/05/soukatuhoukoku19.pdf
3）E.H. エリクソン（村瀬孝雄・近藤邦夫訳）『ライフサイクル、その完結』みすず書房　1989年　p.73
4）E.H. エリクソン（小此木啓吾訳編）『自我同一性』誠心書房　1982年　p.119
5）西平直『エリクソンは発達の「環境」をどう描いたのか　生涯発達とライフサイクル』東京大学出版会　2014年　p.142
6）国立成育医療研究センター「人口動態統計（死亡・出生・死産）から見る妊娠中・産後の死亡の現状」2018年
　　https://www.ncchd.go.jp/press/2018/maternal-deaths.html
7）Park, D. C., Lautenschager, G., Hedden, T., Davidson, N. S., Smith, A. D., & Smith, P. K. models of visuospatial and verbal memory across the adult life span. *Psychology and Aging*, 17, 2002, 229-320.

【参考文献】
E.H. エリクソン（村瀬孝雄・近藤邦夫訳）『ライフサイクル、その完結』みすず書房　1989年
鈴木忠・西平直『生涯発達とライフサイクル』東京大学出版会　2014年
岡本裕子『成人期における自我同一性の発達過程とその要因に関する研究』風間書房　1994年
J.E. ビリン・K.W. シャイエ編（藤田綾子・山本浩市監訳）『エイジング心理学ハンドブック』北大路書房　2008年

# 第5章
## 子育てを取り巻く社会的状況

**エクササイズ**　　自由にイメージしてみてください

> 将来、あなた自身が子どもをもつことや、親として子どもを育てることについて想像してみましょう。どのような思いや考えが浮かんでくるでしょうか。

# 第5章 子育てを取り巻く社会的状況

**この章のまとめ！**

## 学びのロードマップ

- 第1節
  子育てをめぐる社会と家族の変化について説明します。
- 第2節
  現代の子育ての難しさについて説明します。
- 第3節
  保育における子育て支援について説明します。どのような支援が求められているのか見ていきましょう。

### この章の なるほど キーワード

■ **親準備性**…子どもが将来、家庭を築き、経営していくために必要な資質のことです。以前は生活のなかで乳幼児とふれる機会が自然にありましたが、現代では意図的にそのような機会を設けないと難しくなっています。

みなさんの暮らしの身近なところに乳幼児はいますか？

# 第1節　社会と家族の変化

　社会が変化してゆくなか、人々の生活も変化し、生まれてくる子どもの数が減少しています。本節では現代の子育てを考えるにあたり、日本における社会と家族の変化について学んでいきましょう。

## 1．社会の変化

### （1）大学進学率の上昇と女性のライフコースの変化

　1990年頃の大学（学部）進学率は男性が30％程度、女性が15％程度でしたが、2017（平成29）年では男性55.9％、女性49.1％（短大を含めると57.7％）となり大学（学部）進学率は上昇し続けています。特に女子でその伸びが目立っており、高学歴化に伴い女性のライフコースは多様化しています。専業主婦を志向する女性は減少傾向にあり、女性の有償労働者数は伸び、職域も多岐に及び、少子高齢化社会における労働力不足を補填しています。

　近年では、女性が男性と同等に働くことにより生じる各種ハラスメントの問題（セクシュアルハラスメント、マタニティハラスメント等）をはじめ、さまざまな課題が明るみになってきています。各種制度や慣行の見直しも行われており、男女共同参画社会の形成に向けた模索が続いています。

### （2）結婚の意味や方法の変化

　結婚することの意味や方法にも変化が起きています。適齢期なるものが訪れれば、男女ともに結婚するのが一般的だった時代から一変し、結婚するか否かは個人の自由であり、選択によるという面が大きくなってきました。伝統的なアレンジ婚（親が相手と引き合わせ、親がその相手と結婚するか否かを決定）は鳴りを潜め、恋愛結婚（出会いも決定も当人たちが行う）が多くの人が思い描く結婚方法のスタンダードとなっています。自由恋愛による結婚が前提となると、出会いがないので結婚に至らないということも生じます。そこで、近年ではインターネットを介しての出会いも増えているといいます。出会いの機会を提供するマッチングサービスビジネスや自治体主導の婚活支援も行われています。

　ところが、「今の自由や生活レベルが下がるのならば無理に結婚しなくともよい」「仕事が忙しくて今は結婚など考えられない」「結婚願望はあるが、いつかよい人が現れた時でよい」と考える人も少なくないようです。このように、結婚を自

# 第5章 子育てを取り巻く社会的状況

分の経験を制限するものとしてとらえる部分が結婚願望より勝る状況に対し、「もう少し結婚を先伸ばしして、目の前にある経験を試してみたいというモラトリアムの心のあり様」があるのではないかとの指摘があります[1]。

また、日本では親が子に自立を促すプレッシャーが比較的緩やかであることから、自宅から通える距離内で就労している人は、男女問わず自分の親との同居率が高いと言われています。世の中の経済状況による影響もあるでしょうが、同居率の高さも子のモラトリアム心性の長期化の一因となっているかもしれません。1970（昭和45）年では生涯未婚率は男性1.7％、女性3.3％であったものが、2015（平成27）年では男性23.4％、女性14.1％と上昇し続けています。

## （3）子どもをもつことの意味の変化

結婚すれば女性は「子どもを産むのが当たり前」という時代から、今や「望む場合はつくる」という時代になっています。子どもを望む場合、共働き夫婦では、妊娠、出産のタイミングについての悩みが生じやすくなります。子どもをもつことを選択した家庭において、理想の子ども数より、実際の数が少ないこともあります。妻の年齢別に理想の子ども数となっていない理由に

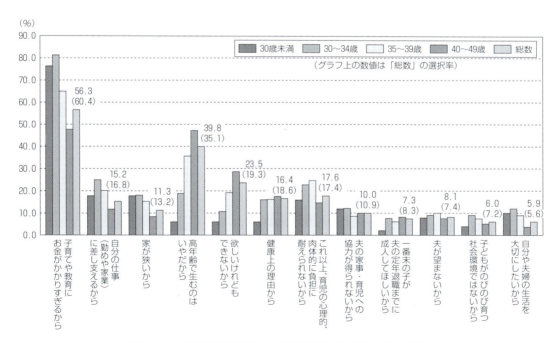

図5−1　妻の年齢別にみた、理想の子ども数をもたない理由

資料：国立社会保障・人口問題研究所「第15回出生動向基本調査（夫婦調査）」（2015年）
注：対象は予定子供数が理想子供数を下回る初婚どうしの夫婦。予定子供数が理想子供数を下回る夫婦の割合は30.3％。
出典：内閣府『平成30年版少子化対策白書』2018年　p.24

ついて示したのが図5－1です。年齢を問わず、子育ての経済的負担を理由に挙げている人が多いことがわかります。たくさん産んで一家の労働力を増やす時代から、少なく産んでより良く育てる時代へと変化した今、子育てにはお金がかかるという認識が親に強いことが見て取れます。経済面のみならず、高年齢出産への抵抗、育児の心身への負担感や仕事への支障などから子どもの数が理想の数とはなっていないようです。「欲しいけれどもできないから」という切実な理由については後でふれます。

### （4）人口構成の変化

上述のとおり、未婚率の上昇の他、近年では初婚平均年齢、女性の出産平均年齢が上昇しています。2016（平成28）年では初婚平均年齢が男性31.1歳、女性29.4歳、第1子出産時の女性の平均年齢は30.7歳となっています。2017（平成29）年の合計特殊出生率は1.44と低迷しており、少子化傾向がなかなか改善しません。このように生まれる子どもの数は減少している一方で、医療の進歩により、以前は救えなかった命を救うことができるようになっています。これに伴いNICU（新生児集中治療室）に入院する子どもや医療的ケア児[*1]が増加しています。2015（平成27）年には医療的ケア児は推計で約1.7万人に上り、この10年で2倍近くになっており、新たな支援ニーズが生まれています。

医療の進歩、健康意識の向上や生活習慣の改善などにより、2017（平成29）年の日本人の平均寿命は男性81.1歳、女性87.3歳となり、日本は65歳以上人口が全体の27.7％を占める超高齢化社会です。このため社会保障関連費は増加の一途をたどっており、労働力不足が一層深刻化することが予測されるなか、少子高齢化に伴う問題は国の最重要課題となっています。

## 2. 家族の変化

### （1）子どもをもつ方法に関する変化

なぜ理想の数の子どもをもたないのかについて、「欲しいけれどもできない」というのが理由の1つとして挙げられていることを前項で紹介しましたが、近年では不妊[*2]に悩む人が増えています。結婚年齢の上昇もあり、生殖医療[*3]の利用者は増加しており、生殖補助医療[*4]により生まれた子どもは2016（平成28）年には5万4千人を超え、生まれてくる子どもの17人に1人を占めています。これに人工授精などの生殖補助医療以外の方法も含めると、生殖医療を利用して誕生した子どもの総数はもっと多いでしょう。日本は世界有数の生殖医療大国なのです。子どもが欲しいけれどなかなか恵ま

---

[*1] 詳しくは第9章(p.146)と第10章(p.171)を参照。

[*2] 不妊とは生殖年齢の男女が妊娠を希望し、避妊をすることなく通常の性交を継続的に行っているにもかかわらず、1年たっても妊娠の成立をみない状態を指します。

[*3] いわゆる不妊治療のことです。生殖技術を用いて精子と卵子を出会わせる確率を上げることにより妊娠可能性を高める方法です。「タイミング法」→「人工授精」→「体外受精」といったように、身体的負担の少ない治療から高度な治療へと状況に応じて治療法が選択されます。

[*4] 体外受精に代表される高度な生殖医療のことを「生殖補助医療（ART）」といいます。

れない人にとって、生殖医療は福音となりうるのですが、治療を始めれば誰でも必ず妊娠に結びつくわけではないため、時間的にも経済的にも身体的にも心理的にも相当負担のかかることであると言われています。

### （2）子どもをもつための他の方法

残念ながら子どもを授からなかったけれども、子どもを育てたいという場合、里親制度や特別養子縁組制度などを利用することにより子どもを育てるという選択肢があります。里親は虐待などで親元から保護された子どもを一時的に自宅で預かる人で、生活費や教育費が国や自治体から支給され、法的な親子関係はありません。特別養子縁組は、実の親が育てられない子どもを引き取り、法律上も親子となります。原則として縁組は解消できません。

日本では保護された子どもの約8割が施設で暮らしていますが、2016（平成28）年の児童福祉法一部改正により、子どもの最善の利益を優先して、家庭に近い環境での養育を原則とする方針が打ち出されました。したがって、現在は里親や特別養子縁組を増やすことが一層目指されています。生殖医療などを経て、実子をもうけることをあきらめ、里親制度や養子縁組制度を利用しようとする人の決断に立ち会う社会的養護分野の支援者は、彼ら彼女らのもつ「授かるはずだった赤ちゃんを授かれなかった（失った）という"あいまいな喪失"に伴う苦しみを理解しておく必要がある」との指摘があります[2]。子どもをもつに至るまでの背景には、さまざまなケースがあることを心に留めておかねばならないでしょう。

### （3）現代の家族の特徴

産業構造の変化により、父親の働く姿や役割を間近で子どもが見る機会が少なくなるなどの結果、父親はかつて担当していた子どもの社会化機能を担いにくくなってきました。そこで、現代では母親にその役割が委ねられるようになったわけですが、その母親自身は今や社会に出ようとしていて、家庭での育児に専念するのではない生き方を模索するようになってきています。したがって「専業主婦の減少と権威としての父親の消失」が現代家族の特徴とも言われています[3]。

さて、2016（平成28）年の調査では、日本では単独世帯（26.9％）や夫婦のみ世帯（23.7％）が全世帯の過半数（50.6％）占めており、子育てに関わる家庭が減少しています*5。子どものいる世帯のうち80.5％が核家族世帯であり、三世代世帯は14.7％です。このように子育て家庭の多くが核家族世帯であるものの、その世帯内のあり様はさまざまです。離婚率の上昇により、保育の場ではひとり親家庭やステップファミリーをよく目にするでしょうし、

*5
1989（平成元）年では単独世帯18.2％、夫婦のみ世帯14.4％で、両者合わせて32.6％でした。

地域によっては多文化を背景にもつ家庭が多い所もあるでしょう。ひとり親家庭は特に母子の場合、貧困と結びつきやすい点が指摘されています。これに伴う子どもの教育格差や貧困の連鎖も懸念されています。前述のとおり、苦難の時期と決断を経て子どもをもつにいたった家庭もあります。多様な家庭があることを心に留めておく必要があるでしょう。

## 第2節　現代の子育ての難しさ

本節では、社会の変化に伴う子育ての難しさについて見ていきましょう。

### 1．地域と子育て

> 孤独な子育てを行う家庭が増えています。

　隣近所との付き合いがないなど特に都市部では地域社会におけるつながりが希薄化しており、地縁、血縁のないところで子育てをスタートさせる人も少なくありません。子どもや子育て家庭への不寛容さも相まって、孤独な子育てを行う家庭が増えています。保育所を地域に建設しようとすると、「子どもは騒音」と地域住民から建設反対の声があがるというニュースが度々報道されるのを目にしたことがある人もいるでしょう。電車のなかやスーパーマーケットなどで、泣く子どもに対して冷たい視線や怒号を浴びせられたという親の体験談もいろいろなところで聞かれます。

　これらは、少子化により子育て家庭そのものが減少しているため、子育て家庭同士がつながりにくいことに加え、地域における子育て家庭とそれ以外の家庭（高齢者世帯など子育てをしていない家庭）との交流が断絶されがちであることも大きな原因でしょう。かなり意識的に親が自分から働きかけていかなければ、地域のなかでさまざまな人に子どもや親のことを気にかけてもらったり、交流をしたりしながら子育てを行うことが難しくなっています。

### 2．祖父母と子育て

　子どもの祖父母にあたる人が比較的近隣に居住している場合には、子育てを助けてもらうことが期待できます。都市部を離れると、地縁血縁からの手助けを受けることのできる環境がある場合も多くあるようです。しかし、親と祖父母の養育方針が異なり、祖父母の影響力が強すぎるような場合には、親に悩みが生じることがあります。また、逆に、親が祖父母に育児を丸投げ

第5章 子育てを取り巻く社会的状況

するような場合には、祖父母の方が親世代の子育てに関わるなかで悩むこともあるでしょう。育児の常識は時代を経て変わっていくことがあります。祖父母世代の子育ての常識と現代のそれとのギャップを埋め、双方が理解しあうために、自治体によっては祖父母のための子育て講座を開催したり、パンフレットを発行したりしているところもあります。

　祖父母が遠方に居住している場合は、祖父母に育児を助けてもらうことは難しくなります。また、近くに住んでいても祖父母が高齢であったり、介護が必要であったりする場合には、子育て世代が育児と介護を同時に行わねばならない「ダブルケア」という状況も生じます。このことは、育児を非常に過酷なものにするため、夫婦間の協力や外部の援助資源を利用するなど早急に何らかの方策を練ることが必要です。

## 3. 親準備性の問題

　親準備性[*6]を十分に育てられないまま親となり、子どもとどのように関わればよいかわからない親が増加しています。ある都市部の調査では、第1子目の子どもが生まれる前に赤ちゃんの世話をしたことがない親が74.1％に上っていました。ひと昔前までは、親となる前に、生活のなかで子どもに触れ、子育てについて自然に学んでいました。子どもや子育てと切り離されたなかで成長してきた現代の親たちは、自分が親になる時点で、初めて本やインターネットや講習会を通して子育てを学ぶのです。したがって、親のこの学びを助けることは、保育者が担いうる重要な支援内容となります。

*6
岡本・古賀（2004）は、親準備性を「子どもが将来、家庭を築き、経営していくために必要な子どもの養育、家族の結合、家事労働、介護を含む親としての資質、およびそれが備わった状態」と定義しています[4]。

## 4. 共働きと子育て

　共働き家庭、あるいはひとり親家庭の場合、子どもの保育所入所を考えることになります。妊娠中から保育所探しの活動（俗に言う「保活」）をせねばならない現状を耳にしたことのある人もいるでしょう。「保活」とは、保育所入園に向けての情報収集や園見学、申し込みなどを含む一連の活動を指します。身重な状態、あるいは生まれて間もない子どもを連れての見学は、新米の親にとってはなかなか大変なことです。都市部を中心に自治体によっては待機児童が多くいて、保育を必要とする子どもであっても保育所に入所できない待機児童問題が発生しています。がんばって「保活」をしても保育所に入れなかった場合には、ライフプランの変更（育休の延長や仕事継続の断念）を余儀なくされたり、認可外保育所やベビーシッターの利用で予想外の出費がかさんだりすることがあるため、働くための体制づくりは親にとっ

て大きな負担となっています。

### 5. 専業主婦家庭と子育て

　共働き化が進んできているとはいえ、日本においては、0〜2歳児の約7割が家庭のみで養育を受けています。しかし、専業主婦のもつ育児に関する否定的感情は働く母親のそれよりも高いことが指摘されています。保育所利用により、家族以外の他者、つまり保育者を子育ての伴走者として利用できる共働き家庭と比べて、子育ての責任を母親が一手に引き受ける状況に陥りやすいと言えるでしょう。「大人としゃべりたい」というのは専業主婦の母親からよく聞かれる言葉です。地域のママ友作りを支援することや、それぞれの家庭に合わせた男性の育児参加を促す支援などが求められます。

### 6. 大人の求める生活と子どもに必要な生活のギャップ

　10年ひと昔と言いますが、テクノロジーの進歩に伴い、人々の変化は大きく変化してきています。スマートフォンの普及より、移動せずとも用事を済ますことができたり、さまざまなことを手軽に疑似体験できたりするようになりました。人と直接会わなくともソーシャルネットワーキングサービス（SNS）でつながることができるうえ、家の外に出なくても、指先の最小限の動作、あるいは声を発するだけで快適に生活できる方向へと世の中は向かっています。

　子ども時代は身体や五感を存分に使って、外界に働きかけて体験的に学んでいくことが重要な時期ですが、大人にとって便利な社会は子どもの生活からそれらの体験を奪いやすい状況になります。つまり、親は子育てのなかで、相当意識して子どもに必要な体験を補っていかなければ、子どもも大人と同様、身体や五感を使わない生活を送ることになるのです。従来なら、生活のなかで自然に教えられていたことが、今の子育てのなかでは子どもに体験させにくくなっているという難しさがあります。社会の変化に伴う子どもの育ちについて着目した複数の調査では、子どもの発達の遅延が指摘されだしています。

　ただし、障害者、障害児については、障害特性に応じたテクノロジーの活用により生活の質（QOL）の向上が期待できます。テクノロジーの進歩と子育ての関連は、今後も重要課題であり続けるでしょう。

第5章 子育てを取り巻く社会的状況

## 第3節　保育における子育て支援

　社会の変化やこれに伴う子育ての難しさがあるなか、保育所においてはどのような子育て支援が行われているのでしょうか。保育所は在園児の保護者や地域の子育て家庭に対して支援を行うこともその役割であることは、保育所保育指針の「第1章 総則」[5]に記されています。本節では、保育者が保育所で行う子育て支援をいくつかに分けて見ていきましょう。

### 1．預かる支援

　子どもの最善の利益を考えながら、保育を必要とする子どもを保育者が預かる支援がまず挙げられるでしょう。育児と仕事の両立を支える支援です。延長保育、病児・病後児保育など預かる支援は拡大を見せていますが、親のニーズと子どもの最善の利益の双方を考慮すると、これらの保育に対して現場の保育者には葛藤が生まれる場合もあるようです。何らかの事情で、家庭における子育て機能が著しく低く、その機能改善に大変時間がかかるような場合には、保育所で子どもを預かることがその子どもにとっては発達保障のための貴重な時間となりえます。したがって、預かることが子どもにとってもその家庭にとっても最大の子育て支援となるケースがあります。

　子どもが在園児ではない地域の子育て家庭に対して、保育所、認定こども園は一時的に未就園の子どもを預かる「一時保育」の支援も行っています。パート就労、親の病気や出産の他、リフレッシュ目的での利用にも対応しており、託児の理由は問いません。就労していない親の「一時預かり」の利用については、保育者、親双方ともに抵抗を感じる人がいるかもしれません。しかし、ほんの少しの時間さえ子どもを見てくれる人が近くにいないような場合、数時間子どもと離れてリフレッシュする機会を親に提供するレスパイトケアは、親が子育ての活力を取り戻すための非常に重要な支援となります。

ふりかえりメモ：

## 2. つなぐ支援

　子どもを育てる者同士がつながる（ママ友、パパ友、祖父母同士のつながりなど）きっかけを作る支援もあります。子育て当事者同士のつながりができ、助け合ったり、悩みを語りあったり、一緒に楽しんだりする仲間ができることにより、子育てのためのエネルギーを得られることが多く、親子ともども活性化するでしょう。人とつながることに付随する多少のストレスも生じるかもしれませんし、親同士がすべて仲良くというわけにはなかなかいかないでしょうが、「この地域で子どもを育てている親」という点では同じ、というゆるやかなつながりを作ることも大切です。

　このようなつながり作りについては、親のなかから協力してくれる人が出てくるでしょうし、保護者懇談会などもそのための良い機会として活用できるでしょう。

　つなぐ支援には、保育所を中心として親子と地域をつなぐというものもあります。地域の祭りに保育所として参加する、地域の方を園の行事に招待する、こちらから地域の他施設に出かけるなどの活動は、子育て家庭とそれ以外の家庭をつなぎ、保育所の活動や子育て家庭を理解してもらうことにつながるでしょう。互いに顔見知りとなることは、地域の方々に地域の子どもに対する温かなまなざしをもってもらうための大切な支援と言えましょう。

　親子をつなぐという支援もあります。子どもが発達する過程はとてもダイナミックで親もさまざまに感情を揺さぶられますし、生活していくなかではさまざまなライフイベントも起こります。健康に見える親子でさえ、親に余裕がなくなる事態が発生すると、親子関係に変化が起きることがあります。

　親子の安定した関係性を乳幼児期に築くことは、子どもの健やかな成長を考えた時、非常に重要です。ちょっとしたボタンの掛け違いに気づいた時にさっと直すように、早めにケアすることで関係性の揺らぎが小さいうちに修復できるでしょう。

## 3. 教える支援

　すでに述べた通り、子どもについて、子育てについてほとんど学ぶチャンスがないまま初めての子育てをしている親が少なくありません。子どもへの関わり方や育児の方法に関する具体的な助言が必要となる時があります。その時は理想論を伝えるのではなく、今、目の前にいる親が実行可能なことを伝えていく必要があります。

　たとえば「仕事も大変だし、帰宅しても子どもと何をして遊んだらよいか

第5章 子育てを取り巻く社会的状況

わからないし、家事もしなくてはいけないし、もうやることがいっぱいで…」と打ち明ける親に対し、あれやこれやと要求しても、「そんなの私には無理」ということになりかねません。その子どもの興味や好みなどを保育者はわかっているはずです。「○○くん、もしかして電車が好きでしょうか？1日10分でいいのでその時間はお膝にのせてあげて、その時だけは家事など他のことは何もしないようにして、一緒に電車の本を楽しむというのはどうでしょうか。○○くん、喜ぶかもしれません」などと伝えるのです。その後の「どうでしたか」というフォローも大切です。

　直接助言するのみならず、さりげなく行動見本の提示を行ったり、保育環境から親が学んでもらえる工夫をしたり、保育者の専門性を生かして、親が主体的に子育てを学べる機会を提供することもあるでしょう。日々の送迎時のみならず保育参加、保育参観もそのための有効な機会となります。

### 4. 支える支援

　親から発信されるさまざまな悩みに寄り添い、日々の育児を労い支える支援も行われています。寄り添い理解してくれる人の存在は親を勇気づけます。子どもの様子をいつも見てくれている保育者が子育ての伴走者となることは、親にとってどんなに心強いことでしょう。なお、子どもや家庭の抱える問題のなかには、保育所だけでは支援しきれないものもあります。そのような場合には、地域の他専門職、他機関との連携や協働を通して支援していくことが重要です。

  演習課題

**Q** 社会や家族が変化しても、子どもの健やかな育ちにとって変わらず必要なものについて考えてみよう。

**ホップ**　あなたの考えを箇条書きで書き出してみましょう。

**ステップ** 　考えたことをもとに周りの人と話し合ってみましょう。

**ジャンプ** 　社会や家族が変化するなかでの親の役割、保育所の役割について考え、文章にまとめてみましょう。

●発展的な学びへつなげる文献
- 平木典子・柏木惠子編『日本の親子—不安・怒りからあらたな関係の創造へ』金子書房　2015年
　日本の親子、家族、子育ての特徴や、各ライフステージで生じる困難さ及びそれらへの支援について論じることにより、これからの親子関係のあり方について検討しています。
- 『「子育て支援」のこれから　児童心理12月号臨時増刊』金子書房　2016年
　社会、家族、子育ての変容と、さまざまなケースへの支援の実際から、人の成長にとっての乳幼児期の意味を問い直すことにより、今後の子育て支援の方向性を論じています。

【引用文献】
1）小嶋嘉子「未婚女性の結婚観と子育て観—そのナルシシズム的要因—」青木紀久代・神宮英夫編『子どもを持たないこころ』北大路書房　2000年　p.111
2）平山史郎「生殖医療と家族支援」『子育て支援と心理臨床』vol.13　福村出版　2017年　p.10
3）汐見稔幸「父親なき社会と主婦なき家庭—変わってきた社会と家族のあり方—」『児童心理』12月号臨時増刊　金子書房　2016年　p.17
4）岡本祐子・古賀真紀子「青年の親準備性概念の再検討とその発達に関連する要因の分析」『広島大学心理学研究』第4号　2004年　p.161
5）厚生労働省『保育所保育指針解説書』フレーベル館　2018年　p.16

【参考文献】
内閣府『平成30年版男女共同参画白書』2018年
筒井淳也『結婚と家族のこれから—共働き社会の限界—』光文社　2016年
厚生労働省『平成29年度医療的ケア児等の地域支援体制構築に係る担当者合同会議　医療的ケアが必要な障害児への支援の充実に向けて』
　https://www.mhlw.go.jp/stf/seisakunitsuite/bunya/0000191192_00004.html　2017年
読売新聞社「体外受精児17人に1人」『読売新聞』2018年9月12日朝刊

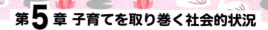

## 第5章 子育てを取り巻く社会的状況

厚生労働省『平成28年国民生活基礎調査の概況』
　https://www.mhlw.go.jp/toukei/saikin/hw/k-tyosa/k-tyosa16/index.html　2017年
宮本正彦「横浜市の子育て家庭を取り巻く状況」『子育て支援と心理臨床』vol.15　福村
　出版　2018年　pp.90-95

# 第6章
## 家族・家庭の意義と機能、親子・家族関係の理解

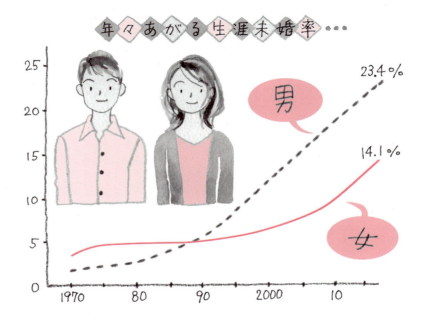

**エクササイズ**　　自由にイメージしてみてください

生涯未婚率（50歳時の未婚の割合）は1990年頃から上昇し続けています。独身でいる理由の1位、2位、3位はそれぞれ何だと思いますか？

# 第6章 家族・家庭の意義と機能、親子・家族関係の理解

## この章のまとめ！

## 学びのロードマップ

● 第1節
家族・家庭とは何か。その変化についても説明します。

● 第2節
家族関係を理解するにあたり、家族心理学と家族システム理論、ソーシャルワークについて説明します。

● 第3節
現代の親子関係をふまえて、親子の関係性の理解と援助について説明します。

● 第4節
子育て期における家族の問題について説明します。

## この章の なるほど キーワード

■ **エンパワメント**…当事者がかかえる問題に対し、当事者が本来もっている、主体的に解決しようとする能力を引き出し、みずから改善していけるように心理的・社会的に支援することです。

困ったときは周りから適切なサポートを受けることが大切です。

# 第1節　家族・家庭とは

## 1.「家族」と「家庭」

### (1)「家族」とは何か

　家族社会学では家族（family）を伝統的に「夫婦・親子・きょうだいなど少数の近親者を主要な成員とし、成員相互の深い感情的関わりあいで結ばれた、幸福（well-being）追求の集団である」と定義してい
ます。この定義によれば家族とは原則として「集団」であり、深い感情的関わりあいで結ばれていれば一緒に生活をしているかどうかは問われません。

　近年では「ファミリー・アイデンティティ（FI）」という概念が注目されています（上野，1994）。誰を家族とみなすかは個々人が決めることであり、ひとつ屋根の下で暮らしている人同士でも誰を「家族」と感じるかは異なっている可能性があります。FI概念は、家族というものを客観的な条件によって定義するのではなく、心理的な境界によって定めるものです。

　なお、日本では法律的には「家族」という用語は定義されておらず、社会保障等においては「世帯」という概念を用います。世帯とは「住居及び生計を共にする者の集まり又は独立して住居を維持し、若しくは独立して生計を営む単身者」を指します。そのため、当人同士が家族であると認識していても、別に住んでいたり生計を異にしたりする場合は、別の世帯とみなされます。

### (2)「家庭」とは何か

　家庭（home）とは、「家族を中心とした諸個人の生活空間およびその雰囲気（日本大百科全書）」です。家族が人間の集団性を示す語であるのに対し、家庭という語においては「生活する場」「生活のよりどころ」「拠点」等の、場所・空間性が強調されます。つまり、家庭とは家族が生活する場所なのです。

　同時に、家庭は、単なる物理的な「場所」ではありません。"アットホーム"ということばが示すように、安らぎを感じられる場です。家族との関係性や家庭のもつ温かい雰囲気を含んだ概念が「家庭」だといえます。

# 第6章 家族・家庭の意義と機能、親子・家族関係の理解

## 2. 家族のかたちとその変化

### （1）家族の形態

　家族の形態としては、「核家族」「直系家族」「複合家族」等が挙げられます。「核家族」の形態は、"一組の夫婦のみ" "一組の夫婦とその子ども" "父親または母親とその子ども（父子世帯や母子世帯）"です。「直系家族」とは、2つの核家族が既婚の子どもをかなめとして結合した形態であり、夫婦と家系を継ぐ一人の子どもが、その配偶者や子どもと同居しています。「複合家族」では、夫婦とその複数の子ども達がそれぞれの配偶者や子どもと共に家族として生活しており、子どもから見れば、おじ・おば・いとこ等と同居する形態です。直系家族と複合家族を合わせて「拡大家族」と呼ぶこともあります。

　また、親子のあり方にもさまざまなかたちがあります（第8章参照）。

### （2）家族の形態の変化

　現代日本の家族のあり方には、単身世帯やひとり親世帯の増加、再婚の増加、晩婚化、出生率の低下等の変化が見られています。単身世帯の割合が増大する一方で、4人以上の世帯は減少しています（図6－1）。

　こうした変化の背景として、産業化と夫婦家族制の理念の浸透が挙げられます。産業構造の高度化に伴って、大家族を構えることの経済的必然性が薄れる一方で、仕事上の理由等での別居も増えてきました。また、家族の核は夫婦であるという考え方により、愛情による結びつきが薄れた場合には夫婦関係を継続しないという選択肢や、あえて子どもをもたずに夫婦だけで暮らすという選択肢が生まれました。

　そうした変化は子どもの養育や発達にもさまざまな影響をもたらしています。核家族化・少人数化が進んだ家族では、頼りになる育児経験者が身近に

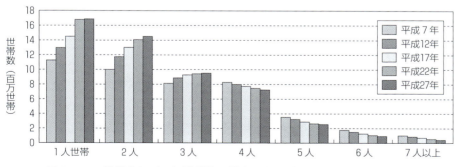

図6－1　世帯人員別一般世帯数の推移　全国（1995年～2015年）

出典：総務省「平成27年国勢調査」2016年

いないため世代間の文化的な継承が難しくなり、メディア等の外部社会の影響をより強く受けるようになっています。また、親の離婚や再婚によって人とのつながりや住み慣れた環境を喪失し新環境への適応を求められる子どもに関する研究も進み、子どもの福祉の視点から、面会交流と養育費支払いの確保や子どもを結節点とした関係性の継続の重要性などが提起されています（野口，2018）。

## 3．家庭の機能とその変化

### （1）家庭の機能

　家族はおおむね生活共同集団となっており、その生活の場である家庭は生殖・経済・保護・教育・保健・娯楽等の多面的な機能を担っています。ここでは、特に子どもの成長のために必要とされる機能を考えてみましょう。

#### ①子どもが成長することを保障する機能

　衣食住を提供し身の回りの世話をして、心身の成長を促す機能です。子どもが成長するための環境を整えるという意味で、掃除や洗濯等の家事も含まれます。

家族にはこのような機能があります。

#### ②子どもの安全・安心を保障する機能

　社会にある危険や孤立からさまざまな意味で子どもを保護し安全を保障する、安心できる場所としての機能です。

#### ③子どもに生活文化を伝え、社会性を育てる機能

　その文化で用いられている言語や生活習慣、しきたり等の行動様式を身につけさせ、他者と適切な関わりをもてるような社会性を育てることです。子どもは身近な大人である家族をモデルとしながら、生活の中でこうした内容を学習していきます。

### （2）家庭の機能の変化

　現代では、上述した家庭の機能が十分に果たせているとはいえない家庭が散見されます。また、これまでの家庭の機能を補うような他の社会機関との相互依存が強まり、サービスの多様化も進んできています。それは「家庭機能の外部化」と表現することもできるでしょう。たとえば、クリーニング店の利用、外食や中食[*1]、子どもの塾通い、乳児期からの保育所利用などは、すでに多くの家庭で普通のこととされています。家庭機能の外部化は、家庭

[*1] 家庭外で調理された食品を、購入してもち帰るあるいは配達等によって、家庭内で食べる食事の形態を指します。

第6章 家族・家庭の意義と機能、親子・家族関係の理解

を基盤とする生活の技術や知恵を伝承する機会を減少させています。

また、現代では家庭内でも個人化が進み、個室の確保やスマホ等の所有が一般的になりました。逆説的になりますが、機能の外部化と個人化が進むことによって、家庭における情緒的なつながりの意義はさらに大きくなってきているようです。夫婦や親子に関しても、働き手の確保といったとらえ方は過去のものとなり、関係性は愛情的なつながりに純化されてきています。

生きるために共同作業をしていた時代とは違い、家族が別々の時間を過ごし、物理的には互いを必要とする程度が薄らいでいるからこそ、心理的には「家庭のぬくもり」という明確な形のないものを追い求めるのかもしれません。家族のあり方が大きく変化してきている現在、家庭のもつ機能についても一人一人が考えていく必要がありそうです。

## 4. 家族観・家庭観

家族・家庭の形態や機能の変化は、家族観・家庭観の変化とも深く関わっており、晩婚化、少子化、生涯未婚率の増加（図6-2）等の背景となっています。34歳以下の未婚者の9割近くが「いずれ結婚するつもり」と回答しています。しかし、現実に結婚に至っていない理由を確認すると、結婚は個人の自由であると考える人たちや、結婚し子孫を残さなければならないと

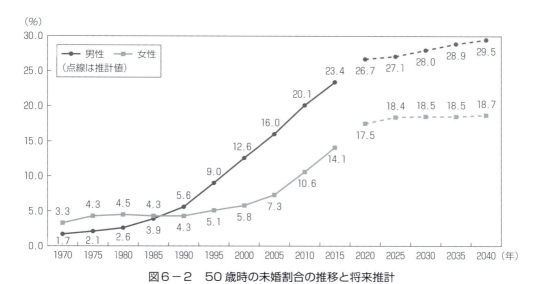

図6-2 50歳時の未婚割合の推移と将来推計

資料：1970年から2015年までは各年の国勢調査に基づく実績値（国立社会保障・人口問題研究所「人口統計資料集」）
2020年以降は推計値（「日本の世帯数の将来推計（全国推計2018年推計）」を基に内閣府作成。）であり、2015年の国勢調査を基に推計を行ったもの。
注：45～49歳の未婚率と50～54歳の未婚率の平均である。
出典：内閣府「平成30年版少子化対策白書」2018年　p.14

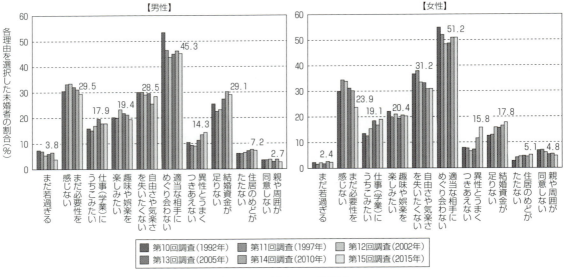

図6-3　独身でいる理由

資料：国立社会保障・人口問題研究所「出生動向基本調査（独身者調査）」（2015年）
注：対象は、25〜34歳の未婚者。未婚者のうち何％の人が各項目を独身にとどまっている理由（三つまで選択可）としてあげているかを示す。グラフ上の数値は第15回調査の結果。
出典：内閣府「平成30年版少子化対策白書」2018年　p.19

*2
「男性は職場で働き、女性は家庭を守るもの」といった具合に、性別によって役割があるものとする考え方。

は考えない人たちが多いことが読み取れます（図6-3）。また、さまざまな調査によると、性別役割分業意識*2は徐々に弱まり、子どもをもつことにこだわらない人の割合が増え、結婚したら離婚は避けるべきだと考える人の割合は減ってきています。

　このような新しい家族観・家庭観と家族や家庭のあり方の多様化により、大人にとっては生き方の自由度が増しました。その一方で、上述した、子どもの成長のために必要とされる家庭の機能が健全に働いているかどうかという点に関しては、慎重に検討していく必要があります。

# 第6章 家族・家庭の意義と機能、親子・家族関係の理解

## 第2節　家族関係の理解と援助
―臨床的な視点から―

### 1. 家族システム理論

#### （1）家族心理学と家族システム理論

　家族心理学は、発達心理学と臨床心理学を主な母体とし、臨床上の必要性に応えるために進歩してきた学問です。子どもの発達研究から出発した発達心理学は、子どもの発達に大きな影響を及ぼす家族のあり方や関係性、親自身の育ちへと対象を拡げていきました。一方、臨床心理学では、クライエントへの心理援助を模索するなかで、システム論[*3]に刺激を受けてシステム的家族療法が誕生し、家族を対象とする臨床実践が重ねられてきました。両者が実践知を通して重なり合う領域が家族心理学です。

　家族心理学では、家族を1つのまとまりをもつシステムとしてとらえます。家族システムにおいては、夫婦、父子、母子、同胞（きょうだい）などがそれぞれサブシステムとして機能しています。

#### （2）家族システム理論を取り入れた家族理解

　家族をシステムとして理解する家族療法では、問題行動や症状を示している人をIP[*4]と呼びます。それらの問題や症状を個人の問題に帰すのではなく、家族システムの構造上の問題や機能の問題から生じていると考えるためです。たとえば、子どもの問題行動が、本来夫婦間にある葛藤を表面化させない効果をもつケースはしばしば見受けられます。この場合、システム的に見れば、子どもは身をもって夫婦の連合を維持させているということになります。

[*3] 複雑な現象が複数の構成要素から成立しており、それらが相互に連関している際に、それらを個々の要素の単なる集積ではなくシステムとしてとらえ、要素間の全体的連関を考察し、そのあり方を解明しようとする理論的方法。家族心理学では、支援対象である家族や家族に関わる人々をシステムとしてとらえます。

[*4] "identified patient" の略。患者であるとみなされている人、の意。

### 2. 家族の発達

　個人の一生に発達の過程や段階があるように、家族も発達していきます。表6-1は、ライフサイクル理論を家族の発達に当てはめたものです。

　各段階の移行期には家族システムも変化する必要があり、家族にとってはそのことが成長の機会となりますが、同時に危機となる可能性があります。第一子の誕生はその代表的なものです。ライフサイクルの移行に加えて、突発的に生じる変化やストレスも家族に影響を与えます。

表6−1　家族のライフサイクル

| 第1段階　親元を離れて独立している未婚の、若い成人の時期 |
|---|
| ①　心理的な移行過程−親子の分離を受容すること<br>②　発達に必須の家族システムの第二次変化<br>　　a．自己を出生家族から分化させること<br>　　b．親密な仲間関係の発達<br>　　c．職業面での自己の確立 |
| 第2段階　新婚の夫婦の時期 |
| ①　心理的な移行過程−新しいシステムへのコミットメント<br>②　発達に必須の家族システムの第二次変化<br>　　a．夫婦システムの形成<br>　　b．拡大家族と友人との関係を再編成すること |
| 第3段階　幼児を育てる時期 |
| ①　心理的な移行過程−家族システムへの新しいメンバーの受容<br>②　発達に必須の家族システムの第二次変化<br>　　a．子どもの誕生に伴い夫婦システムを調整すること<br>　　b．親役割の取得<br>　　c．父母の役割、祖父母の役割を含めて、拡大家族との関係の再編成 |
| 第4段階　青年期の子どもをもつ家族の時期 |
| ①　心理的な移行過程−子どもの独立を進め、家族との境界を柔軟にすること<br>②　発達に必須の家族システムの第二次変化<br>　　a．青年が家族システムを出入りできるように、親子関係を変えること<br>　　b．中年の夫婦関係、職業上の達成に再び焦点を合わせること<br>　　c．老後への関心を持ち始めること |
| 第5段階　子どもの出立ちと移行が起こる時期 |
| ①　心理的な移行過程−家族システムの出入りが増大するのを受容すること<br>②　発達に必須の家族システムの第二次変化<br>　　a．二者関係としての夫婦関係の再調整<br>　　b．親子関係を成人同士の関係に発達させること<br>　　c．配偶者の親・きょうだいや孫を含めての関係の再編成<br>　　d．父母（祖父母）の老化や死に対応すること |
| 第6段階　老年期の家族−ライフ・レビューによる人生の統合 |
| ①　心理的な移行過程−世代的な役割の変化を受容すること<br>②　発達に必須の家族システムの第二次変化<br>　　a．自分および夫婦の機能を維持し、生理的な老化に直面し新しい家族的社会的な役割を選択すること<br>　　b．中年世代がいっそう中心的な役割を取れるように支援すること<br>　　c．経験者としての知恵で若い世代を支援するが、過剰介入はしないこと<br>　　d．配偶者やきょうだい・友人の死に直面し、自分の死の準備を始めること |

出典：Carter&McGoldrick，1980．岡堂，1992．布柴，2008

# 第6章 家族・家庭の意義と機能、親子・家族関係の理解

## 3. 家族・家庭支援のソーシャルワーク

### （1）ソーシャルワークの視点から家族をみる

　子どもと家族とを切り離して考えることはできません。子どもの様子がおかしいときに保護者と話していると、家庭内でトラブルやアクシデントが生じていた、ということはよくあります。子どもとの関わりだけに力を注いでも、問題がなかなか改善していかないこともあるのです。そのような場合には、家族支援を意識的に実践していく必要があります。

### （2）家族理解のための技法

　家族のあり方は多様性に富み、独自の風土や文化をもっています。また、さまざまな出来事や環境が家族に影響を与えていきます。それぞれの家族の成り立ちや家族を取り巻く環境を図式化することによって理解を進める代表的な技法として、ジェノグラム[*5]とエコマップ[*6]を紹介します。

　ジェノグラムは、多世代の家族成員を描きこんだ図であり、エコマップは、家族とさまざまな環境・社会資源との関係を図式化したものです（図6-4）。家族の歴史を視野に入れて現在の状況を整理することは適切な支援の検討に役立つため、どちらも事例の整理や報告のために広く用いられています。

[*5] 心理的家系図・家族関係図。支援を目的とし、当事者を中心とした家族関係を数世代にわたって理解するために作成される図のことです。介護、障害、医療、教育等の臨床場面で広く用いられます。

[*6] エコロジーマップ（生態地図）の略。当事者と家族と社会資源の関係性を図示したものであり、支援のために臨床場面で広く用いられます。アン・ハートマン（Ann Hartman）によって1975年に考案されました。

## 第3節　親子の関係性の理解と援助

### 1. 現代の親子関係

#### （1）子育て環境の変化

　現代社会は子育てがしにくい環境になっているといわれます（第5章参照）。社会的なネットワークから疎外されて孤独に子育てをしていたり、どちらか・もしくは双方の養育者が長時間労働を常態としていたりと、子育てに関する不安や負担感が大きくなる要因が重なっています。

　また、少子化の進行や技術革新のなかで育児に関するスキルが伝承されにくくなり、あやし方やちょっとした遊びなど、親子で楽しく過ごすすべを知らない養育者が増えてきています。養育者自身が成長過程で小さな子どもと関わってきた経験が少ないため、子どもの発達の健全な多様性を実感しにくく、小さな差異にも過敏に反応したり、その逆に問題や障害の把握や理解が遅れたりすることがあります。

ジェノグラムの作成
　①中央に当事者家族を記入し、IPは二重線で示す。親族関係も書き入れる。
　②年齢等の情報を書き入れ、同居家族を線で囲む。

エコマップの作成
　①家族をとりまく社会的な環境（関係者・関係機関）を図の中に配置する。
　②家族の成員と周囲との関係性を適切な線を用いて表現する。
　③依存や対立、指示などの関係性は、矢印を用いて具体的に記入する。
　④図示しにくい内容はことばで補足する。また、変化が捉えられるように記入日を付記する。

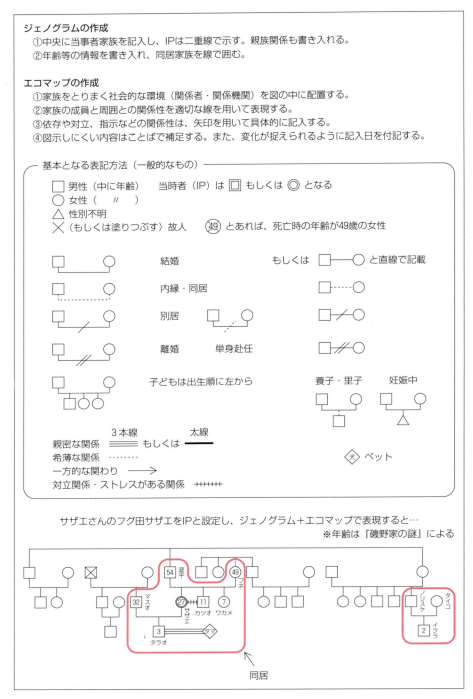

図6-4　ジェノグラムとエコマップの一例

出典：筆者作成

## （2）現状をふまえた支援

　こうした現状をふまえると、現代の養育者に特に必要とされる支援とは以下のようなものであるといえるでしょう。

　まず、ほかの親子と「共に育つ・育てる」場を提供することが重要です。また、過重な負担感を抱えている場合には家族外の社会的資源の利用を検討する必要があるでしょう。加えて、個々の発達や個性に即した育児の工夫や、あやし方、気軽に取り組めるからだ遊びなどの具体的なスキルを伝えることの効果も無視できません。養育者がスキルを身につけることによって、子どもの笑顔が増え、養育者の気分も前向きになることが多いのです。発達についての適切な知識を伝えることも、養育者が見通しをもって育児にあたるための有効な支援となります。

## （3）困難を感じている家族を支援する際の心構え

　特に困難を感じている養育者に対しては、よりきめ細かな配慮と、優先度を考慮し積極的な介入を行うことの検討も必要です。他の親子がいる場面に参加することを避ける養育者ほど、実は育児に自信がなかったり、わが子の発達を気にしていたりするものです。声高に要求を伝えてくる保護者への対応に追われたり、特に支援を受けなくとも子育て仲間をみつけて交流することのできる社交的な保護者のペースでものごとを進めたりしていると、結果的に真に必要としている家族には支援が届かなくなりがちです。

　家族支援の基本はエンパワメント[*7]にあります。養育者が支援者との関わりのなかでそれぞれの努力や愛情のあり方を認められ、育児が自分たちにもできる・大丈夫であると感じられるような励ましを得ることが大切です。問題点ばかりを指摘し改善策を指示して従わせようとすることは、当然ながら不適切な関わり方です。一方で、困難のすべてを肩代わりしてしまうことも望ましくありません。そうすることによって養育者の自己肯定感をそこない依存性を高める可能性があるからです。養育者がわがこととして家族の課題に向き合い、考え、工夫し、必要に応じて相談できるように支援することが望ましく、そのことが長期的には家族の自立につながります。

[*7] 当事者がかかえる問題に対し、当事者が本来もっている、主体的に解決しようとする能力を引き出し、みずから改善していけるように心理的・社会的に支援することです。

ふりかえりメモ：

## 2. 愛着研究の展開から学ぶ子ども家庭支援

　ボウルビィの提唱した愛着（アタッチメント）理論は、安全基地概念とともに現代の保育に多大な影響を与えています。ここでは、ボウルビィ以降の愛着研究のなかから、子ども家庭支援に特に関わる知見を紹介します。

### （1）早期剝奪経験からの回復に見る愛着の重要性

あきらめない気持ちが大切です。

　内田（2010）は、養育放棄を受けた9人の事例を分析し（表6－2）、養育者との愛着の成立が、話し言葉や対人面での適応につながる極めて重要な機能をもつと主張しています。全員が救出時には著しい心身の発達の遅れがありましたが、その後の回復の経過には差異が認められ、社会復帰をはたした子どもたちは救出時に分離不安という愛着行動を示していたためです。

　発達早期における愛着形成は、その後の発達に広範な影響を与える可能性があります。しかしながら、乳幼児期の剝奪経験が生涯発達をすべて規定するという極端な幼児期決定論は誤っており、適切な環境で支援を受けることによって著しい回復を見せる子どもが存在することを忘れてはなりません。

### （2）母親以外の家族・親族との愛着

　他の多くの文化圏同様、日本においても養育の主な担い手は母親となっています。母親の精神衛生を無視してはならず、母親の気分の落ち込みや不安が大きくなると、子どもとのやりとりの質が低下し発達に影響することがあります。産前産後のホルモンバランスの変化等で生じやすい抑うつには注意が必要です。抑うつを引き起こすリスク要因としては、母親自身の性格特性や子どもの気質・発達面での問題に加えて、望まない妊娠、妊娠中や周産期の問題、配偶者がいながらサポートが得られないこと、社会経済的に困難な状況にあること等が知られています。

　そのようなとき、母子間に健全な愛着が形成できるよう母親を支えることはもちろん大切ですが、子どもが母親以外の家族との関係において安心感を得られるよう配慮することも必要となります。愛着は主たる養育者との間にのみ形成されるものではありません。ほとんどの乳児が母親と父親との両方に緊密な愛着を形成することが知られています（Lamb, 1976）。また、SSP[*8]を用いた研究からは、父親に対する愛着と母親に対する愛着との質が異なる子どもが少なからず存在することが知られています（Fox et al., 1991）。祖母などとの間にも、継続的な養育関係があれば愛着が成立するということが報告されています。母親以外の家族との間に良好な関係が成立したからといって、母子間の愛着がそこなわれるということはありません。

[*8] Strang Situation Procedure（ストレンジ・シチュエーション法）の略です。エインズワースが考案した愛着研究法です。8つの場面で構成され、そこでの行動によって愛着の質が分類されます。

表6-2 社会的隔離児の救出前の状況、ならびに救出後の愛着形成と回復（内田，1999）

| 救出後の回復 | ケース | 救出時の年齢 | 救出前の状況（救出時の状況） | 救出前の愛着 | 救出時の分離不安 | 養育者との愛着形成 | 言語回復経過 |
|---|---|---|---|---|---|---|---|
| 良好 | イザベル（アメリカ） | 6歳6か月 | 私生児。母と1室に閉じ込められる<br>母は聾、身振りによるコミュニケーション活発<br>（脚はクル病で、歩行不能。発語なし） | ＋ | ＋ | ＋ | きわめて良好<br>1年半で回復 |
| | P.M.とJ.M.（チェコ） | 6歳10か月 | 1卵性双生児。母は出産後死亡<br>乳児院→継母へ。地下室に閉じ込め継母が虐待<br>父も虐待に加担。相互のやり取りは身振りで行う<br>（歩行不能。靴も履けない。自発語ほとんどなし） | 大人には（－）<br>相互間は（＋） | － | ＋ | 8歳10か月で養子に出され急速に改善。正常水準にもどる |
| 不良 | アンナ（アメリカ） | 6歳0か月 | 私生児。孤児院や養子先を転々とたらい回し<br>養育らしい養育を受けた経験なし<br>（筋肉麻痺。栄養失調。発語なし。自閉的傾向あり） | － | － | － | 2年後歩行するも、言語は1歳程度（喃語段階）しか回復せず。10歳半で死亡 |
| | アンヌとアルバート（アメリカ） | 姉6歳0か月<br><br>弟4歳0か月 | 姉：1室に閉じ込められる<br>（身体・言語の遅滞。歩行可。排泄のしつけなし）<br>弟：家具は便器つき椅子のみの狭い部屋で幼児用寝台にくくりつけられる<br>（歩行困難、発語なし、排泄のしつけなし） | 姉は（－）<br><br>弟は（－） | － | － | 反響語以外発語なし<br>身体発達は回復。IQは50程度<br>歩行改善。意味不明語多少<br>他人には無関心無感動<br>2人とも自閉症的障害との複合障害の疑い有 |
| 中間 | ジェニー（アメリカ） | 13歳7か月 | 20か月以後納戸に閉じ込められ椅子にくくりつけられる<br>父親、兄も虐待。騒音を嫌い、物音なしの環境<br>母親視力弱り、父親の命令で世話せず。身振りのやり取り<br>（身体発育6・7歳程度。IQ1歳程度。発語2－3語のみ。目と目の接触は良好） | 母には（＋） | ＋ | ＋ | 発育障害と文法的側面の一部欠陥をのぞき、回復きわめて良好。結婚して社会復帰を果たす |
| | FとG（日本） | 姉6歳0か月<br><br>弟5歳0か月 | 放置。救出前1年8か月間狭い小屋に閉じ込められる<br>排泄、風呂など世話なし。うどんや重湯程度をときどき2人の2歳上の姉があたえる程度<br>（心身とも1歳－1歳半程度。発語：姉2語？・弟なし） | 父母には（－）<br><br>姉兄には（＋） | 姉（－）<br>弟（－） | 姉（＋）<br>弟（－）<br>（ただし弟は4か月後＋へ） | 2人とも、高校卒業後、就職<br>弟に言語の文法面、形式的側面の遅滞残る |

出典：内田伸子『発達心理学』岩波書店　1999年　p.129

### （3）保育と愛着

　保育と愛着に関する研究成果からいえることを3点挙げましょう。

　まず、継続的な関わりをもつことにより、保育者と子どもとの間にも愛着関係が成立します。SSPを用いた研究によると、保育者と子どもとの愛着は親子の愛着とは独立したものであり、その安定性は、親子の愛着と同様に関わりの質による影響を受けます（van IJzendoorn et al., 1992）。

　また、保育所保育を受けることが母子間の愛着の質をそこねるという単純な関連性は、統計上認められません。母子間の愛着の質には複合的な要因が関わっており、保育の質や保育者との関係、家庭における関わりの質といった要因が総合的に関係していることがわかっています（Sagi et al., 2002）。

　近年、保育者との愛着と親子の愛着とは、役割や性質が異なるらしいことがわかってきました。乳幼児期に保育者との間に安定した愛着を形成していた子どもは、児童期に教師との関係が良好であるという傾向が見られましたが、母親との愛着に関しては関連が認められませんでした（Howes, et al., 1998）。このことは、家庭外で最初に会う「先生」との愛着の質が、親への愛着とは独立に教師的役割をもつ存在に対する内的作業モデルにつながり、その後の学校等での適応に関与するということを示唆しています。

# 第4節　子育て期における家族の問題

### 1. 誕生から出産後までのストレス

#### ①経済的ストレス

　子どもを産み育てるためには、ある程度の経済的基盤が必要となるため、経済的な不安はそのままストレスとなります。

#### ②身体的ストレス

　妊娠にともなうつわりや腰痛等の各種不調を含めて、出産という営みは母体にとって大きな身体的ストレスを与えます。出産後には新生児の世話のために慢性的な睡眠不足に陥ることが一般的です。物理的な苦痛だけでなく、ホルモンの変化にともなう精神的な不調もよく見られます。

## ③その他のストレス

「親になる」という体験は不安との闘いです。親はひとりの人間の生死が自分にかかっているという状況で、慣れない育児に奮闘し毎日を過ごしていくことになります。妊娠・出産に対する周囲の反応はさまざまであり、そうした周囲への気遣いもまた緊張感を高める要因です。

## 2. 夫婦関係の変化

育児や家事の分担や仕事と家庭とのバランスをどう考え実行するかに関して、多くの夫婦は課題に直面します。子育て観の違いが夫婦間の葛藤や衝突を生むことは珍しくありませんし、祖父母が過剰に介入してくるような事態になると、そうした葛藤は大きな対立に発展しかねません。福丸（2003）は心理的健康度を手がかりに夫婦が直面する種々の課題を記述しています（図6-5、6-6）。

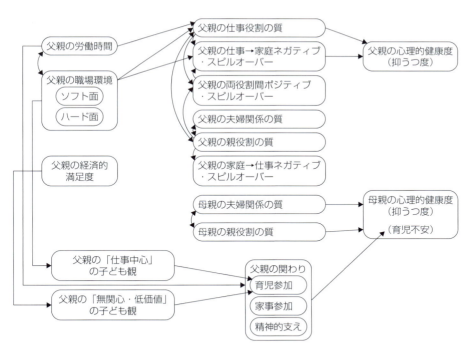

図6-5　専業主婦世帯の父親・母親の心理的健康度を規定する要因

出典：福丸由佳『乳幼児を持つ父母における仕事と家庭の多重役割』風間書店　2003年

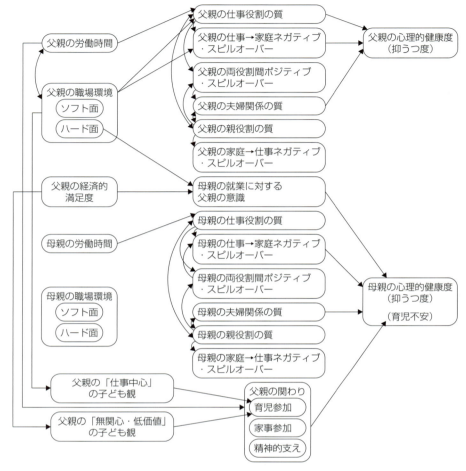

図6-6　共働き世帯の父親・母親の心理的健康度を規定する要因
出典：福丸由佳『乳幼児を持つ父母における仕事と家庭の多重役割』風間書店　2003年

## 3. きょうだいの誕生

　二度目以降の出産では、周囲からは「経産婦」「子育て経験者」とみなされ、初産時ほどの注目や配慮を得られにくい傾向があります。しかしながら、赤ちゃんが誕生することで家族には大きな変化が生じます。親にとって子どもの数が増えることは育児に費やす労力の増加を意味しますし、下の子の妊娠・出産は上の子どもにとってさまざまな点でストレスとなるため、いわゆる「赤ちゃん返り」もしばしばみられ、親は上の子の変化に困惑します。

第6章 家族・家庭の意義と機能、親子・家族関係の理解

　　　　　　　　　　　　　　　　　　演習課題

**Q** 自分もしくは身近な人物の家族を取り上げて、ジェノグラムを作成してみましょう。当事者・親・祖父母世代という、3世代を含むジェノグラムを作成する過程での気づきや心の動きを大切にしながら、基本的な表記のルールなどを身につけましょう。

●発展的な学びへつなげる文献
- 中釜洋子・野末武義・布柴靖枝・無藤清子著『家族心理学―家族システムの発達と臨床的援助―』有斐閣　2008年
　　家族心理学の代表的なテキストであり、特に家族システムがわかりやすく説明されています。
- 遠藤利彦『赤ちゃんの発達とアタッチメント』ひとなる書房　2017年
　　アタッチメントについて保育者が知っておきたい知識がわかりやすく具体的に解説されています。

【引用文献】
1）森岡清美・望月嵩『新しい家族社会学　四訂版』培風館1997年　p.4.
2）上野千鶴子『近代家族の成立と終焉』岩波書店　1994年　pp.4-42.
3）内閣府「平成30年版　少子化社会対策白書」2018年　p.14, 19.

4 ）野口康彦「親の離婚・再婚を経験した子どもと家族の支援」『家族心理学年報36』pp.33-41.
5 ）布柴靖枝「家族を理解するための鍵概念―家族をどう見立てるか―」中釜洋子・野末武義・布柴靖枝・無藤清子『家族心理学―家族システムの発達と臨床的援助―』有斐閣　2008年　p.28
6 ）内田伸子『発達心理学―ことばの獲得と教育―』岩波書店　1999年　p.129
7 ）Lamb, M. E. Twelve-month-olds and their parents:Interaction in laboratory playroom. *Developmental Psychology,* 12, 1976, 237-244.
8 ）Fox, N. A., Kimmerly, N. L., & Schafer, W. D. Attachment to mother／attachment to father : A meta-analysis. *Child Development,* 62, 1991, 210-225.
9 ）van IJzendoorn, M. H., Sagi. A., & Lambermon, M. W. E. The multiple caretaker paradox : Data from Holland and Israel. In R.C.Pianta（Ed.）, Beyond the parent : The role of other adults in children's lives. New Directions for Child Development, 57, 1992.
10）Sagi, A., Koren-Karie, N., Gini, M., Ziv, Y., & Joels, T. Shedding further light on the effect of various types and quality of early child care on infant-mather attachment relationship:The Haifa study of early child care. *Child Development,* 73, 2002, 1166-1186.
11）Howes, C., Hamilton, C. E., & Philipsen, L.C. Stability and continuity of child-caregiver and child-peer relationships. *Child Development,* 65, 1998, 264-273.
12）福丸由佳『乳幼児を持つ父母における仕事と家庭の多重役割』風間書房　2003年　p.156, 159

【参考文献】
小田切紀子・野口康彦・青木聡編『家族の心理学―変わる家族の新しいかたち―』金剛出版　2017年
中釜洋子・野末武義・布柴靖枝・無藤清子『家族心理学―家族システムの発達と臨床的援助―』有斐閣　2008年
早樫一男編『対人援助職のためのジェノグラム入門―家族理解と相談援助に役立つツールの活かし方―』中央法規出版　2016年
数井みゆき・遠藤利彦『アタッチメント―生涯にわたる絆―』ミネルヴァ書房　2005年
小田切紀子・野口康彦・青木聡編『家族の心理学―変わる家族の新しいかたち―』金剛出版　2017年
内田伸子『子どもは変わる・大人も変わる―児童虐待からの再生―』お茶の水ブックレット第9号　お茶の水学術事業会　2010年
草野いづみ編著『みんなで考える家族・家庭支援論―知っていますか？いろいろな家族・家庭があることを―』同文書院　2013年

第 6 章 家族・家庭の意義と機能、親子・家族関係の理解

**コラム** ココロのイロイロ②

## 保育所は貧困問題の最前線

　日本は現在、世界で第3位の経済大国ですが、その陰で「子どもの貧困」が問題になっていることを知っていますか？　食べ物や住む場所がないといった「絶対的貧困」ではなく、「相対的貧困」が問題になっているのです。

　「相対的貧困」とは、国民の平均所得の半分以下の所得にあることをいいます。そのために三食を満足に食べられない、エアコンがない、塾や習い事に行けない、大学に行くお金がないといった状態のことです。このような世帯の子ども（17歳以下）の割合は、2012年に16.3％でピークとなり、国は2013年に「子どもの貧困対策推進法」を成立させました。子育て世帯への経済的支援や就労支援、無料の学習塾や子ども食堂などの支援が各地で行われるようになり、2015年には13.9％まで改善しましたが、今も約7人に1人は貧困であり、世界的にも高い水準にあります。

　また日本は、ひとり親家庭の相対的貧困率が約50％と、先進国のなかで突出して高くなっています。母子家庭の約80％の母親は働いていますが、その約半数が非正規雇用といわれています。不安定な雇用のなかで複数の仕事をかけもちする母親は少なくなく、子どもはさまざまな影響を受けて育つことになります。

　そこで重要な役割を担うのが保育所です。乳幼児期の貧困は子どもの人生に高いリスクをもたらすという海外の研究結果もあり、保育者はこの問題を正しく理解し、貧困状態にある子どもと親を支えるために何ができるかを問い続ける姿勢が大切です。保育所は貧困問題の最前線なのです。

# 第7章
## 子育ての経験と親としての育ち
### ーライフコースと仕事・子育てー

 **エクササイズ**　　自由にイメージしてみてください

　　イクメンという言葉が使われるようになって久しいですが、日本の家事育児の分担率はどうなっているでしょうか？　日本の6歳未満の子どもがいる家庭において、妻の家事育児時間は週全体の平均では1日約4時間となっています。それに対して、夫は家事育児をどれぐらいの時間行っていると思いますか？（答えは本章のなかにあります）

# 第7章 子育ての経験と親としての育ち―ライフコースと仕事・子育て―

**この章のまとめ！**

## 学びのロードマップ

- 第1節
  親になるとはどのようなことか。また、今の親たちはどのような状況に置かれているのかを説明します。

- 第2節
  多様化するライフコースと子育てについて説明します。男女の性役割意識についても考えます。

- 第3節
  親になるプロセスを具体的に説明します。

### この章の なるほど キーワード

■**アウェイ育児**…自分自身が育った市町村で子育てをしている母親は少なくなっています。そのため、もともとの家族や地域とつながりをもつことができず、孤立した子育てに悩む母親は珍しくありません。

アウェイ育児をはじめ、現代の子育ては何が大変なのかをさらに詳しく学んでいきましょう。

# 第1節　親になるということ

## 1. 育てられる者から育てる者へ

　あなたを育ててくれたお母さんもお父さんもかつては子どもでした。親になるということは、それまで育てられる立場であった人が育てる立場になるということです。人が育つ、人を育てるということは、育てられる者が育てる立場になることの繰り返しであると言えます。

　図7-1は、親の世代を中心に、子どもの世代、親の親世代の生涯が同時進行しているプロセスを示したものです。前の世代の子どもとして生まれた者は、親の養育を受けながら、またその時代・社会の影響を受けながら成長し、やがてパートナーを得て次の世代を生み出します。立場が変わるといっても、それは決して単純なものではなく、それまでの生き方や態度を変えることも迫られます。子どもを育てるなかで、自分がどのように育てられたのか、そこに両親のどのような思いが込められていたのかを改めて振り返ることにもなります。

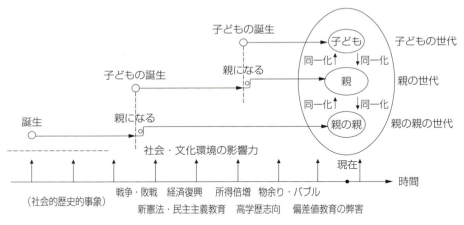

図7-1　関係発達の概念図

出典：鯨岡峻『両義性の発達心理学』ミネルヴァ書房　1999年　p.66

## 2. アウェイ育児

### （1）7割以上がアウェイ育児

　アウェイ育児とは、自分が生まれ育った市区町村以外で子育てすることを指します。NPO法人子育てひろば全国連絡協議会が行った調査で、「あなたが育った市区町村で、現在子育てをしていますか？」という問いに「いいえ」

## 第7章 子育ての経験と親としての育ち－ライフコースと仕事・子育て－

と答えた母親(つまりアウェイ育児)は72.1％に上りました。その調査ではさらにアウェイ育児の母親は、地域でのつながりを十分にもつことができず、孤立した子育てに悩んでいることが指摘されています。

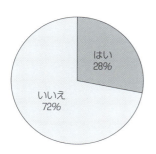

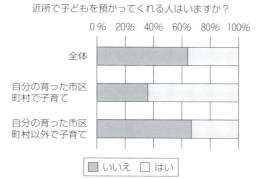

図7－2　地域子育てに関する調査

出典：NPO法人子育てひろば全国連絡協議会「地域子育て支援拠点事業に関するアンケート調査2015」2016年

### (2) アウェイ育児の背景

「アウェイ」は、最近に始まったことではありません。戦後、日本の家族を取り巻く環境は大きく変わりました。産業構造は農業を中心とした第一次産業から、工業を中心とした第二次産業、さらに小売り、サービス業を中心とした第三次産業に変わっていきました。その変化のなかで、多くの人(主に男性)が企業に勤め、そこから給与を得るというサラリーマンになりました。雇用関係の発生は家族のあり方にも影響します。

第一次産業が中心だった時代は、自宅と職場(主に田畑)は近くにあり、多世代が同居、近居する大家族が中心でした。第二次・第三次産業が中心になっていくと、労働者は職を求め都市に集まります。都市では職場の近くに住居を構えることは難しく、郊外に住居を構えます。核家族が増えたのもそれが理由です。

さらに1970年代からは少産少子化も進行し、ひとりの女性が生涯に産む子ども数を示す合計特殊出生率は1990年の1.57ショック以後も減少を続け、2005年には1.26となりました。2006年以降はわずかながら上昇傾向にあり、2017年は1.43でした。

家族のあり方の変化は、子育てにも影響します。それまで自分の生まれ育った地域で、地縁・血縁を中心としたコミュニティ(ホーム)のなかで行わ

117

れていた子育てが、結婚後居を構えた見ず知らずの人ばかりの地域（アウェイ）で行わざるを得なくなります。また核家族化によって、子育ての知恵が世代から世代へ引き継がれる機会や、日常の子育てのなかで家族の手を借りる機会も減少します。さらに、少子化によって小さい子どもの世話をする機会は減少し、新生児を見たことも抱いたこともないまま親になる人も少なくありません。

### （3）新米の親にかかるプレッシャー

　かつての地縁・血縁を中心としたコミュニティのなかでは、さまざまな世代の人が関わりながら子育てが行われ、年長の子どもが年少の子どもの面倒をみたり、遊んだりすることはごく当たり前に行われていました。子育ての周辺的な仕事をすることから、徐々に責任の重い仕事を任されるようになり、その積み重ねの上に親になることがつながっていたのです。しかし、多くの親がアウェイで子育てを行う現在は、そのような機会は少なくなり、新米の親はいきなり責任の重たい、失敗の許されない仕事を任されることになりました[1]。

　図7－3は一昔前の親になるプロセスと、現代社会の親になるプロセスを図式化したものです。現代でも母親学級や両親学級など親になる準備のための機会はありますし、育児に関する情報はあふれています。しかし、そこでは実際の子育てを体験できるわけではありません。たとえば、両親学級でよくなされる沐浴の練習では新生児大の人形が使われます。ですが、人形と実際の赤ん坊の間にはかなり隔たりがあります。人形は無機質ですが、赤ん坊からはいい匂いがしますし、触ると暖かいです。なにより人形はされるがままですが、赤ん坊は扱いようによっては泣いたりぐずったりします。アウェイ育児は親になるプロセスそのものが変化したことを示しています。

## 3. 子育てのきしみ

　「親になること」をめぐる社会の変化は、現代私たちが抱えているさまざまな問題と関わりがあると考えられます。子育てが地縁・血縁を中心としたコミュニティのなかで行われていた時代は、子どもを育てるなかでうまくいかなかったり、困ったことがあっても、それらが人々の間で共有され、足りないところを補い合って何とかやり過ごしていたでしょう。しかしそのような人々の連帯感が薄れると、子育ての困難さを共有することができず、そのはけ口が子どもに向かったり、教育機関や行政に無理難題を押し付けることになっているのではないかと考えます。

## 第7章 子育ての経験と親としての育ち―ライフコースと仕事・子育て―

一昔前の親行動

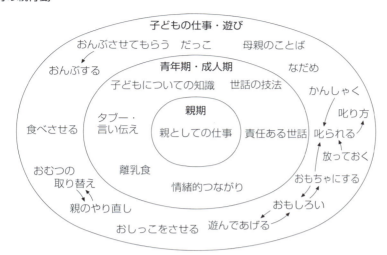

現代社会の親行動

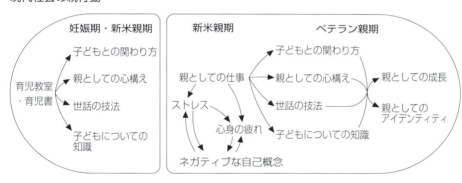

図7－3　親行動の発達図式

出典：氏家達夫「親業見習い中」『発達』No.73 vol.19　ミネルヴァ書房　1998年　p.53

# 第2節　ライフコースと子育て

## 1. ライフコースの変化

### （1）女性のライフコースの多様化

　前節で述べた戦後の社会構造の変化は、子育てにおける男女の役割にも影響しています。「男は仕事、女は家事・育児」という性別役割分業が定着したのは、高度経済成長期にサラリーマンが増え、家庭外で働く男性を支える役割として女性が家事育児を担う"専業主婦"が奨励されたからであると言われます。それはそれぞれのライフコースにも影響を与えています。

119

年齢階級別の日本の女性の労働率は、M字型であると言われます。子育て期にいったん離職するからです。もちろんすべての女性が結婚や育児で退職するわけではないので、女性のライフコースは多様です。多様であることは一見いいことのように思えますが、女性が人生のさまざまな時点で選択を迫られているということです。男性のライフコースが多様でないのは、そのような選択を迫られないからです。国立社会保障・人口問題研究所が行う「出生動向基本調査（独身者調査）」では、ライフコースを次のように分類しています。

表7－1　女性のライフコースの分類

| ① | 専業主婦コース | 結婚し子どもを持ち、結婚あるいは出産の機会に退職し、その後は仕事を持たない |
|---|---|---|
| ② | 再就職コース | 結婚し子どもを持つが、結婚あるいは出産の機会に一旦退職し、子育て後に再び仕事を持つ |
| ③ | 両立コース | 結婚し子どもを持つが、仕事も一生続ける |
| ④ | DINKSコース | 結婚するが子どもは持たず、仕事を一生続ける |
| ⑤ | 非婚就業コース | 結婚せず、仕事を一生続ける |

出典：国立社会保障・人口問題研究所「出生動向基本調査（独身者調査）」

### （2）進む未婚化・晩婚化

　「出生動向基本調査（独身者調査）」では、理想とするライフコースと実際なりそうだというライフコースを尋ねています（図7－4）。最近は理想とするライフコースで両立コースを選ぶ女性が増え、再就職コースに迫る勢いです。予定とするライフコースとしては、非婚就業コースの増加が目立っています。非婚就業コースが増えている理由としては、未婚化・晩婚化があげられるでしょう。

　2015年の国勢調査で明らかになった女性の生涯未婚率（50歳時点で未婚の人の割合）は14.06％で、ここ20年くらいの間に上昇し続けています。一方、男性の生涯未婚率は23.37％となり、こちらも上昇傾向です。男性の未婚率は雇用形態が正規・非正規、収入によって大きく変わります。非正規男性、低収入の場合に未婚率が高くなるのです。女性が結婚相手に求めるものとして「経済力」があげられます。「男は仕事、女は家事育児」という性別役割分業は男性のライフコースにも影響しているのです。

# 第7章 子育ての経験と親としての育ち―ライフコースと仕事・子育て―

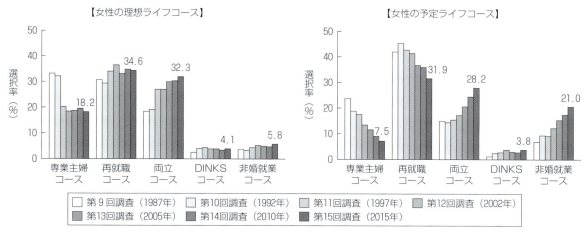

図7-4　女性の理想とするライフコースと予定のライフコース

出典：国立社会保障・人口問題研究所「第15回出生動向調査」2015年

## 2. 性役割意識の変化と子育ての現状

　先に述べた「男女の役割」に対する考え方も変化しています。内閣府による調査によると、「夫は外で働き、妻は家庭を守るべきである」という質問に対して「賛成」「どちらかといえば賛成」とする者の割合は年々減少し、「反対」「どちらかといえば反対」とする者の割合が増加しています。ただ実際男性の家事育児の参加が増えているかというと、まだ道半ばというのが現状です。

　2016年の男性の育児休業の取得率は、3.16％でした（女性は81.8％）。6歳未満の子どもがいる夫婦の週全体の平均の家事育児時間は、妻の3時間45分に対して、夫は49分となっています（総務省「平成28年社会生活基本調査」）。夫の家事育児時間は増加傾向にあるものの、男女の隔たりはまだまだ大きいのが現状です。その背景として、育児期男性の労働時間の長さがあります。ベネッセ教育総合研究所が行った調査では、乳幼児をもつ父親の4割が21時以降に帰宅していることがわかっています。

　さらに、20時以前に帰宅する父親と21時以降に帰宅する父親の育児行動を比較してみると、21時以降に帰宅する父親の育児行動はかなり少ないことが明らかとなっています。子どもとの関わりが少ないことは、父親として

家事育児時間は、妻が3時間45分で、夫は49分!?

ふりかえりメモ：

の意識にも影響します。子どもとの時間を十分にとれないために、子どもとの関わりに自信がもてないと感じているのです。

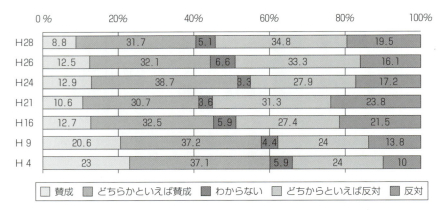

図7−5　男女の役割に対する認識の変化「夫は外で働き、妻は家庭を守るべきである」に対する回答
出典：内閣府「男女共同参画に関する世論調査」2016年

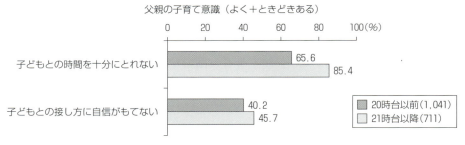

図7−6　父親の子育て意識（帰宅時間別）
出典：ベネッセ教育総合研究所「乳幼児の父親についての調査」2014年

# 第3節　子どもを育てるということ

## 1. 親になるプロセス

### （1）親になる準備

　ここまで、親になること、子育てをめぐる歴史や現在の状況について述べてきました。実際親になるという経験はどのようなものであるのでしょうか。親になるための準備は、親になることがわかってから始まるのではありません。小さいもの、弱いものの成長を見守り、育てようとする思いは幼いころ

## 第7章 子育ての経験と親としての育ち－ライフコースと仕事・子育て－

の異年齢の仲間との関わり、その後の経験を通して育まれます。泣いている子どもの頭をなでて慰めるというような行動は1歳を過ぎたころから見ることができます。それは性別にかかわらず備わっていくものであり、「女性は母性本能があるので、子どもが生まれれば、自然に子どもの世話をしたくなる（母性神話）」は真実ではありません。男女にかかわらず、小さいころから子どもと多く接したことのある者は、そうでない者よりも、子どもに対してポジティブな感情をもつと言います[2]。

母性神話は真実ではありません！

### (2) 子どもが生まれた直後

　妊娠期を経て子どもがこの世に誕生し、子どもとの実際の生活が始まります。3歳半健診時に、育児をして「もっとも心配だった時期」と「手助けがほしかった時期」を尋ねた調査によると、「退院直後」「1か月後」という回答が最も多く、次いで「1歳前後」「2歳前後」となっていました（図7-7）。

　子どもの誕生からしばらくの間は、子どものいる生活への適応の時期であるといえます。数時間おきに目覚める子どものリズムに対応しなければならず、親の生活は一変します。非常に未熟な状態で生まれる赤ちゃんと対し、自分のことをいったん棚上げして子どもに関わる必要があります。この時期の親の悩みとして、よく語られるのが「何で泣いているのかわからない」というものがあります。オムツ交換、授乳、抱っこなど考えられることをすべてしているのに、赤ちゃんが泣き止まないと「どうして？」と途方にくれてしまうのです。

　どうしたら、いつになったら泣き止むのか全く見通しがつかないし、あまりに泣き止まないと「病気なのでは？」と心配になってきます。育児書を見ても、インターネットで検索してみても、人によって言うことが違うし、自

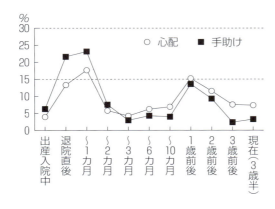

図7-7　子育てで心配だった時期・手助けがほしかった時期

出典：服部祥子・原田正文『乳幼児の心身発達と環境—大阪レポートと精神医学的視点』名古屋大学出版会　1991年　p.207

分の子どもの状態にあうことが書いてあるわけではないため、必ず参考になるとは限りません。泣いている子どもを放っておくことはできません。そんななかで親は試行錯誤しながら子どもと向き合い、やがて互いにとってしっくりするやり方をつかんでいくのです。

### （3）1人のひととして子どもと向き合う

　1歳を過ぎるようになると、子どもは"わたし"を主張しはじめます。何でも1人でしたがったり、大人と同じことをしようとしたりします。2歳が近づくと自分の「したい／したくない」を言葉を使って大人に主張するようになります。いわゆる「反抗期」のはじまりであり、子どもが自立に向けて歩き始めたことを示しています。しかし、子どもの主張や反抗があまりに激しいと、親の感情も逆なでされ、お互いの感情が激しくぶつかり合うこともあります。

　子どもとの対立や葛藤は、子どもの発達や自らの関わり方、子育ての方針を見直す契機となります。ある母親は1歳半ころ「子どもと一体化しなくなった」と語りました。それまでは子どもが泣いてわめいても「仕方がない」と受け入れられていたのに、その時期くらいから「うるさいなー」と思うようになってしまったというのです。それは親子の関係性の変化を示していると言えるでしょう。自己主張してくる子どもと感情むき出しで向き合うことで1人のひととして子どもと向き合うことになり、それが子どもの自立を促すのだと考えられます。

## 2. 親になることによる成長・発達

　子どもを育てるということは、1人の人間の命を預かることです。そこには、当然緊張や責任がつきまといます。また、こうすればいいという正解はなく、子どもがどう育つかは予測できないので、「自分の子どもはちゃんと育っているのだろうか」という不安もわいてくるでしょう。

　そのような緊張や不安が募り、はけ口が見つけられないと、子育て不安や育児ストレスを引き起こしてしまいます。しかし、一方で「育児は育自」と言われるように、人は親になるという経験を通して自らの成長や発達を感じることができます。表7－2は柏木・若松の研究[3]で明らかになった、親となることによる成長・発達に関する6つの側面です。

　子どもを育てることを通して、これまで気にしていなかった社会の出来事に関心が向くようになったり、我慢強くなるなど心の余裕を感じたり、子どもを守る立場としての自分の存在を強く感じるようになるなど、人格的な成

## 第7章 子育ての経験と親としての育ち―ライフコースと仕事・子育て―

熟を感じることができるのです。興味深いことに、親になることによる成長・発達はいずれの側面においても、父親よりも母親の方が強く感じています。さらに、父親のなかでもより育児に参加する父親の方が成長・発達を強く感じていました。それは親になることによる成長・発達が単純に生物学的に親になればもたらされるものではないということを示しています。子どもとの抜き差しならない現実を生きているからこそ、成長・発達がもたらされるのです。

表7−2 親となることによる成長・発達

| | 項目（主なもの） | 父 | 母 | P |
|---|---|---|---|---|
| 第Ⅰ因子<br>「柔軟さ」 | ・角がとれて丸くなった<br>・考え方が柔軟になった<br>・他人に対して寛大になった<br>・精神的にタフになった<br>・度胸がついた | 2.40<br>(0.74) | <2.83<br>(0.61) | *** |
| 第Ⅱ因子<br>「自己抑制」 | ・他人の迷惑にならないように心がけるようになった<br>・自分のほしいものなどががまんできるようになった<br>・他人の立場や気持ちを汲み取るようになった<br>・人との和を大事にするようになった<br>・自分本位の考えや行動をしなくなった | 2.57<br>(0.72) | <2.99<br>(0.62) | *** |
| 第Ⅲ因子<br>「運命・信仰・伝統の受容」 | ・物事を運命だと受け入れるようになった<br>・運や巡り合わせを考えるようになった<br>・長幼の序は大切だと思うようになった<br>・伝統や文化の大切さを思うようになった<br>・人間の力を超えたものがあることを信じるようになった | 2.71<br>(0.73) | <3.12<br>(0.54) | *** |
| 第Ⅳ因子<br>「視野の広がり」 | ・日本や世界の将来について関心が増した<br>・環境問題（大気汚染・食品公害など）に関心が増した<br>・児童福祉や教育問題に関心をもつようになった<br>・一人一人がかけがえのない存在だと思うようになった<br>・日本の政治に関心が増した | 2.21<br>(0.67) | <2.60<br>(0.63) | *** |
| 第Ⅴ因子<br>「生き甲斐・存在感」 | ・生きている張りが増した<br>・長生きしなければと思うようになった<br>・自分がなくてはならない存在だと思うようになった<br>・子どもへの関心が強くなった | 2.82<br>(0.57) | <2.95<br>(0.53) | ** |
| 第Ⅵ因子<br>「自己の強さ」 | ・自分の健康に気をつけるようになった<br>・多少他の人と摩擦があっても自分の主義は通すようになった<br>・自分の立場や考えはちゃんと主張しなければと思うようになった | 2.35<br>(0.69) | <2.52<br>(0.58) | *** |

＊＊ $P<.01$　＊＊＊ $P<.001$
注：数字は各次元項目の平均得点。（ ）内は標準偏差
出典：柏木惠子・若松素子「「親になる」ことによる人格発達：生涯発達的視点から親を研究する試み」『発達心理学研究』5（1）1994年　pp.72-83

**Q** 自分の理想とするライフコースはどのようなものですか。実際どうなりそうかも考えてみましょう。

**ホップ** 自分のライフコースの理想と現実を箇条書きで書き出してみましょう。

**ステップ** 書き出したものを周りの人と共有し、理想と現実のギャップは何によってもたらされているのか、グループで共有して考えましょう。

**ジャンプ** ギャップを埋めるためにはどのようなことが必要でしょうか。自分たちにできることを考えて、文章にしてみましょう。

●発展的な学びへつなげる文献

・菅野幸恵『あたりまえの親子関係に気づくエピソード65』新曜社　2012年
　子育てをしていれば誰でも子どもに対するネガティブな感情を抱くということを、育児中の母親へのインタビューから明らかにしています。

・根ヶ山光一『＜子別れ＞としての子育て』日本放送出版協会　2006年
　霊長類学の知見もふまえながら、＜子別れ＞という視点でヒトの子育てを読み解いています。

【引用文献】
1）氏家達夫「親業見習い中」『発達』73（19）　ミネルヴァ書房　1998年　p.53
2）花沢成一『母性心理学』医学書院　1992年
3）柏木惠子・若松素子「「親になる」ことによる人格発達：生涯発達的視点から親を研究する試み」『発達心理学研究』5（1）1994年　pp.72-83

# 第7章 子育ての経験と親としての育ち－ライフコースと仕事・子育て－

【参考文献】
鯨岡峻『＜育てられる者＞から＜育てる者＞へ』日本放送出版協会　2002年

# 第8章
## 多様な家庭形態とその理解

 **エクササイズ**　　自由にイメージしてみてください

日本で生まれる赤ちゃんのうち、外国籍の母親から生まれる子どもはどれぐらいの割合でいると思いますか？

# 第8章 多様な家庭形態とその理解

**この章のまとめ！**

## 学びのロードマップ

- 第1節
  現代の多様な家庭の実態（ひとり親家庭、養育者世帯、里親家庭、LGBTの家庭、外国籍の保護者の家庭等）について説明します。

- 第2節
  援助にあたってのポイントを、保育所保育指針等をふまえて説明します。

- 第3節
  多様な家庭の援助には「アセスメント」が重要です。そのポイントを解説します。

### この章の なるほど キーワード

■**ファミリー・アイデンティティ**…家族を成立させている意識のことです。現代では家族のありようはさまざま。「家族とはどの人を指しますか？」と尋ねて、出てきた答えがその人にとっての家族像であるといえます。

父母がいて、血縁でつながっている。それだけが家族なのではありません。

> **本章のねらい**　現代の子どもたちは、ひとり親家庭、養育者家庭、里親家庭、LGBTの家庭、外国籍の保護者の家庭など、多様な家庭で育てられています。子どもを養育するなかで、保護者が迷いや悩みをもつことは自然なことであり、気軽に相談できる保育者は、どのような家庭であっても、心強い存在となります。その際、一方的な支援を行うのではなく、まずは多様な家庭を理解しようとする姿勢が必要になります。

## 第1節　現代の多様な家庭

### 1. 保護者の養育力の支援の基本

#### （1）さまざまな家族形態の増加

　子どもが安全に暮らし、大人への信頼感を育み、発達を促せるような生活の場を保障していくためには、家庭の状況を知る必要があります。保護者が子どもを育てていくうえでの支援は、保護者がどのようなことで困っているかを把握し、早めに対応して不適切な養育（マルトリートメント）を予防することになります。

　子どもが親に保護されることは少子高齢社会においてますます重要な課題となっており、子どもの発達を保障するために必要不可欠です。大人の養育に依存しなければ生きていけない子どもをもつ家庭には、現代では、従来の父親と母親と子どもという家庭以外にも、ひとり親家庭、里親家庭、LGBTの家庭、外国籍の保護者の家庭、事実婚カップル（未婚の母と男性パートナーと子ども）の家庭など、保護者の属性にかかわらず、多様な家庭があります。

　両親そろった家庭のみを中心に"家庭支援"を考えていると、ひとりよがりな援助になったり、柔軟な支援が難しくなります。社会が複雑化すると、人々のライフコースや子育てのあり方も多様になります。多様な家庭について理解したうえで、適切な支援のあり方を考えましょう。

#### （2）ファミリー・アイデンティティ

　1990年代以降、「ファミリー・アイデンティティ」（上野，2009）という用語を用いて、家庭を当事者の視点で考えるようになりました。人々がどのようなつながりを"家族"と考えているのか

第8章 多様な家庭形態とその理解

についてとらえる用語で、「家族とはどの人を指しますか？」と尋ねて明確化するのです。一緒に住んでいない人を、家族のメンバーと見なす場合もありえます。すなわち、一人一人が、主観的に"家庭"をどうとらえているかを重視するものです。したがって、外から見た家庭と、家族メンバーから見た家庭が異なる可能性も出てきます。

　たとえば、母子世帯の母親と父子世帯の父親が新しい家庭を作って、父母そろったステップファミリーを形成するとします。それぞれの家族メンバーにとってのファミリー・アイデンティティは当然異なることから、葛藤を孕む場合もあると考えられます。両親がそろっていても、課題を抱えている家庭もありえます。家庭の実態は、みなさんが想像する以上に多様性をもっているのです。

## 2. 多様な家庭形態の背景と保護者の状況

　さまざまな家庭で子どもたちは生活していますが、構成するメンバー（家族員）は、子どもとその保護者です。したがって、具体的な支援方法・内容について考えるために、保護者の状況や心理について理解しようとする姿勢が必要になります。ここではそれぞれの家庭の保護者について考えてみましょう。

### （1）ひとり親家庭

　父のいない児童（満20歳未満の子どもであって、未婚のもの）がその母によって養育されている世帯を母子世帯といい、母のいない児童がその父によって養育されている世帯を父子世帯といいます。表8-1に、ひとり親となった理由として、死別・生別（離婚、遺棄、行方不明、未婚、その他）があげられ、割合を示しています。1983（昭和58）年から2016（平成28）年までの推移をみると、死別が減少し、離婚や未婚の母など生別の割合が大きくなっており、背景にはいろいろな事情があると考えられます。またこの調査で母子世帯のうち、相談相手がいると回答した割合は80％、父子世帯では55％で、かなり差があることがわかりました。相談相手がいないと回答した父子世帯のうち、半数を超える父親が相談相手を求めていることから、支援者には寄り添う姿勢が求められます。

表8−1 母子世帯・父子世帯になった理由

母子世帯になった理由別　構成割合の推移

| 調査年次 | 総数 | 死別 | 生別 | | | | | | 不詳 |
|---|---|---|---|---|---|---|---|---|---|
| | | | 総数 | 離婚 | 未婚の母 | 遺棄 | 行方不明 | その他 | |
| 昭和58 | (100.0) | (36.1) | (63.9) | (49.1) | (5.3) | (*) | (*) | (9.5) | (−) |
| 63 | (100.0) | (29.7) | (70.3) | (62.3) | (3.6) | (*) | (*) | (4.4) | (−) |
| 平成5 | (100.0) | (24.6) | (73.2) | (64.3) | (4.7) | (*) | (*) | (4.2) | (2.2) |
| 10 | (100.0) | (18.7) | (79.9) | (68.4) | (7.3) | (*) | (*) | (4.2) | (1.4) |
| 15 | (100.0) | (12.0) | (87.8) | (79.9) | (5.8) | (0.4) | (0.6) | (1.2) | (0.2) |
| 18 | (100.0) | (9.7) | (89.6) | (79.7) | (6.7) | (0.1) | (0.7) | (2.3) | (0.7) |
| 23 | (100.0) | (7.5) | (92.5) | (80.8) | (7.8) | (0.4) | (0.4) | (3.1) | (−) |
| 28 | 2,060 (100.0) | 165 (8.0) | 1,877 (91.1) | 1,637 (79.5) | 180 (8.7) | 11 (0.5) | 8 (0.4) | 41 (2.0) | 18 (0.9) |

父子世帯になった理由別　構成割合の推移

| 調査年次 | 総数 | 死別 | 生別 | | | | | | 不詳 |
|---|---|---|---|---|---|---|---|---|---|
| | | | 総数 | 離婚 | 未婚の父 | 遺棄 | 行方不明 | その他 | |
| 昭和58 | (100.0) | (40.0) | (60.1) | (54.2) | (*) | (*) | (*) | (5.8) | (−) |
| 63 | (100.0) | (35.9) | (64.1) | (55.4) | (*) | (*) | (*) | (8.7) | (−) |
| 平成5 | (100.0) | (32.2) | (65.6) | (62.6) | (*) | (*) | (*) | (2.9) | (2.2) |
| 10 | (100.0) | (31.8) | (64.9) | (57.1) | (*) | (*) | (*) | (7.8) | (3.3) |
| 15 | (100.0) | (19.2) | (80.2) | (74.2) | (*) | (0.5) | (0.5) | (4.9) | (0.6) |
| 18 | (100.0) | (22.1) | (77.4) | (74.4) | (*) | (−) | (0.5) | (2.5) | (0.5) |
| 23 | (100.0) | (16.8) | (83.2) | (74.3) | (1.2) | (0.5) | (0.5) | (6.6) | (−) |
| 28 | 405 (100.0) | 77 (19.0) | 324 (80.0) | 306 (75.6) | 2 (0.5) | 2 (0.5) | 2 (0.5) | 12 (3.0) | 4 (1.0) |

参考：母子世帯、父子世帯の推計世帯数について
　　推計世帯数は、母子世帯1,231.6千世帯、父子世帯187.0千世帯となっている。
出典：厚生労働省「平成28年度全国ひとり親世帯等調査」2017年

　次に各世帯の平均年収について、2010（平成22）年、2015（平成27）年の比較を図8−1に示しました。全国の国勢調査から無作為に選んだ地域から2,060の母子世帯、406の父子世帯を集計し、児童のいる世帯全体と比べたものです。ひとり親世帯の平均年収は、児童のいる世帯の平均年収より低く、特に母子世帯は、平均年収の低さが目立っています。したがって、就業や収入、家計に関する悩みを抱えている可能性があると考えられます。

　しかし、この結果はあくまでも平均世帯年収の比較であり、各家庭の経済状況はかなり広く分布しているといえるでしょう。

### （2）養育者世帯

　父母ともにいない児童のうち、養育者（祖父母等）に養育されている世帯のことをさします。養育者世帯の子どもと養育者の続き柄をみると、66.7％が祖父母となっており、伯（叔）父母が8.9％、兄弟姉妹は6.7％となってい

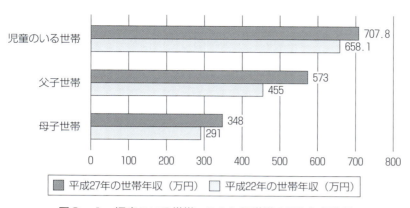

図8-1　児童のいる世帯・ひとり親世帯の平均年収比較

出典：厚生労働省「平成28年度全国ひとり親世帯等調査」及び「平成28年国民生活基礎調査の概況」をもとに筆者作成

ます（厚生労働省，2017）。相談相手がいると回答した割合は73%、相談相手がいないと回答した養育者世帯のうち58%の養育者が相談相手を求めているという結果です。

## （3）里親家庭

里親制度は、児童福祉法第27条第1項第3号の規定にもとづき、児童相談所が要保護児童（保護者のない児童又は保護者に監護させることが不適当であると認められる児童）の養育を委託する制度です。養育里親、専門里親、養子縁組里親、親族里親などの区別があります。里親は研修を受けることが義務となっており、保育現場でも専門施設と連携して援助することが求められます。

## （4）LGBTの家庭

子どもを育てる保護者のうち、愛情の対象は異性とは限らず、同性であるという場合があります。支援するためには、愛情の指向（性的指向）や自己意識について、さまざまな愛のかたちを取る人の存在や性の多様性を理解する必要があります。レズビアン（女性の同性愛者）、ゲイ（男性の同性愛者）、バイセクシュアル（男女問わずに恋愛の対象となる両性愛者）、トランスジェンダー（生物学的な性別と、性別に関する自己意識すなわち性自認との間に違和感を抱く人）等の当事者が保護者として子どもを育てることもあります。

たとえばLGBTの保護者をもつ家庭の場合、過去の異性との間にできた子どもを養育している家庭、養子縁組、体外受精や顕微授精など生殖補助医

療による出産や代理母を依頼するなどによって、カップルで子どもを育てている場合もあります。一般的に、夫婦間の性別役割分業意識が従来よりも柔軟で平等な分担になる傾向がみられるとされています（釜野，2009）。家庭形態のなかではまだ少数派なので、孤立せずにどのようにネットワークを築くのか、安心して子育てできるような配慮が必要になります。LGBTの子どもをもつ家庭も存在します。家族や友人にも相談できず、他者の言動に傷つくこともありますので、慎重に対応し、個性を尊重することが重要です。

### （5）外国籍の保護者の家庭

　在留外国人の子どもたちが、保育所や認定こども園等を利用することは日本ではよくみられるようになりました。保育者は日本以外の文化を尊重し、多文化共生の保育に取り組む必要があります。保育所保育指針の「第4章 子育て支援」には、「外国籍家庭など、特別な配慮を必要とする家庭の場合には、状況等に応じて個別の支援を行うよう努めること」と明記されており、個別の子育て支援が必要になるとしています。

　外国籍の子どもの文化を尊重することだけでなく、宗教や生活習慣など、外国籍の保護者の文化を尊重し、十分に認識することが必要です。子どもや家庭の多様性を積極的に認め、互いに尊重しあえる雰囲気づくりに努めましょう。

## 3. 多様な家庭形態の実際

### （1）ひとり親家庭

　児童を養育している家庭の形態のうち、「ひとり親とその子どもの世帯」として統計が発表されており（厚生労働省，2017）、1986（昭和61）年は全体の4.2％を占めていましたが、2017（平成29）年は7.5％を占めるまでに増加しています（表8-2）。

### （2）里親家庭

　里親に委託される児童数は、2016（平成28）年度には6,546人となり、里親委託率は2016（平成28）年度末には18.3％と徐々に高くなっています（表8-3）。

### （3）外国籍の保護者の家庭

　人口動態統計（厚生労働省，2017）の年間推計では、2017年に日本国内で生まれた赤ちゃんは約94万1,000人。そのうちの2％にあたる1万6,666

# 第8章 多様な家庭形態とその理解

表8-2 児童数別、世帯構造別児童のいる世帯数及び平均児童数の年次推移

| 年次 | 児童のいる世帯 | 全世帯に占める割合(%) | 児童数 | | | 世帯構造 | | | | | 児童のいる世帯の平均児童数 |
|---|---|---|---|---|---|---|---|---|---|---|---|
| | | | 1人 | 2人 | 3人以上 | 核家族世帯 | 夫婦と未婚の子のみの世帯 | ひとり親と未婚の子のみの世帯 | 三世代世帯 | その他の世帯 | |
| | | | | | | 推計数（単位：千世帯） | | | | | (人) |
| 昭和61年(1986) | 17,364 | (46.2) | 6,107 | 8,381 | 2,877 | 12,080 | 11,359 | 722 | 4,688 | 596 | 1.83 |
| 平成元年('89) | 16,426 | (41.7) | 6,119 | 7,612 | 2,695 | 11,419 | 10,742 | 677 | 4,415 | 592 | 1.81 |
| 4 ('92) | 15,009 | (36.4) | 5,772 | 6,697 | 2,540 | 10,371 | 9,800 | 571 | 4,087 | 551 | 1.80 |
| 7 ('95) | 13,586 | (33.3) | 5,495 | 5,854 | 2,237 | 9,419 | 8,840 | 580 | 3,658 | 509 | 1.78 |
| 10 ('98) | 13,453 | (30.2) | 5,588 | 5,679 | 2,185 | 9,420 | 8,820 | 600 | 3,548 | 485 | 1.77 |
| 13 (2001) | 13,156 | (28.8) | 5,581 | 5,594 | 1,981 | 9,368 | 8,701 | 667 | 3,255 | 534 | 1.75 |
| 16 ('04) | 12,916 | (27.9) | 5,510 | 5,667 | 1,739 | 9,589 | 8,851 | 738 | 2,902 | 425 | 1.73 |
| 19 ('07) | 12,499 | (26.0) | 5,544 | 5,284 | 1,671 | 9,489 | 8,645 | 844 | 2,498 | 511 | 1.71 |
| 22 ('10) | 12,324 | (25.3) | 5,514 | 5,181 | 1,628 | 9,483 | 8,669 | 813 | 2,320 | 521 | 1.70 |
| 25 ('13) | 12,085 | (24.1) | 5,457 | 5,048 | 1,580 | 9,618 | 8,707 | 912 | 1,965 | 503 | 1.70 |
| 26 ('14) | 11,411 | (22.6) | 5,293 | 4,621 | 1,497 | 9,013 | 8,165 | 848 | 1,992 | 405 | 1.69 |
| 27 ('15) | 11,817 | (23.5) | 5,487 | 4,779 | 1,551 | 9,556 | 8,691 | 865 | 1,893 | 367 | 1.69 |
| 28 ('16) | 11,666 | (23.4) | 5,436 | 4,702 | 1,527 | 9,386 | 8,576 | 810 | 1,717 | 564 | 1.69 |
| 29 ('17) | 11,734 | (23.3) | 5,202 | 4,937 | 1,594 | 9,698 | 8,814 | 885 | 1,665 | 371 | 1.71 |
| | | | | | | 構成割合（単位：%） | | | | | |
| 昭和61年(1986) | 100.0 | · | 35.2 | 48.3 | 16.6 | 69.6 | 65.4 | 4.2 | 27.0 | 3.4 | · |
| 平成元年('89) | 100.0 | · | 37.2 | 46.3 | 16.4 | 69.5 | 65.4 | 4.1 | 26.9 | 3.6 | · |
| 4 ('92) | 100.0 | · | 38.5 | 44.6 | 16.9 | 69.1 | 65.3 | 3.8 | 27.2 | 3.7 | · |
| 7 ('95) | 100.0 | · | 40.4 | 43.1 | 16.5 | 69.3 | 65.1 | 4.3 | 26.9 | 3.7 | · |
| 10 ('98) | 100.0 | · | 41.5 | 42.2 | 16.2 | 70.0 | 65.6 | 4.5 | 26.4 | 3.6 | · |
| 13 (2001) | 100.0 | · | 42.4 | 42.5 | 15.1 | 71.2 | 66.1 | 5.1 | 24.7 | 4.1 | · |
| 16 ('04) | 100.0 | · | 42.7 | 43.9 | 13.5 | 74.2 | 68.5 | 5.7 | 22.5 | 3.3 | · |
| 19 ('07) | 100.0 | · | 44.4 | 42.3 | 13.4 | 75.9 | 69.2 | 6.8 | 20.0 | 4.1 | · |
| 22 ('10) | 100.0 | · | 44.7 | 42.0 | 13.2 | 76.9 | 70.3 | 6.6 | 18.8 | 4.2 | · |
| 25 ('13) | 100.0 | · | 45.2 | 41.8 | 13.1 | 79.6 | 72.0 | 7.5 | 16.3 | 4.2 | · |
| 26 ('14) | 100.0 | · | 46.4 | 40.5 | 13.1 | 79.0 | 71.6 | 7.4 | 17.5 | 3.6 | · |
| 27 ('15) | 100.0 | · | 46.4 | 40.4 | 13.1 | 80.9 | 73.6 | 7.3 | 16.0 | 3.1 | · |
| 28 ('16) | 100.0 | · | 46.6 | 40.3 | 13.1 | 80.5 | 73.5 | 6.9 | 14.7 | 4.8 | · |
| 29 ('17) | 100.0 | · | 44.3 | 42.1 | 13.6 | 82.7 | 75.1 | 7.5 | 14.2 | 3.2 | · |

注1：平成7年の数値は、兵庫県を除いたものである。
　2：平成28年の数値は、熊本県を除いたものである。
　3：「その他の世帯」には、「単独世帯」を含む。
出典：厚生労働省「国民生活基礎調査」2017年

ひとり親とその子どもの世帯は増えていますね。

表8-3 里親委託の変遷

○里親制度は、家庭的な環境の下で子どもの愛着関係を形成し、養護を行うことができる制度
○里親等委託率は、平成18年3月末の9.5％から、平成28年3月末には18.3％に上昇

| 年度 | 児童養護施設 | | 乳児院 | | 里親等※ | | 合計 | |
|---|---|---|---|---|---|---|---|---|
| | 入所児童数(人) | 割合(%) | 入所児童数(人) | 割合(%) | 委託児童数(人) | 割合(%) | 児童数(人) | 割合(%) |
| 平成18年度末 | 29,808 | 82.2 | 3,013 | 8.3 | 3,424 | 9.5 | 36,245 | 100 |
| 平成19年度末 | 29,823 | 81.8 | 2,996 | 8.2 | 3,633 | 10.0 | 36,452 | 100 |
| 平成20年度末 | 29,818 | 81.3 | 2,995 | 8.2 | 3,870 | 10.5 | 36,683 | 100 |
| 平成21年度末 | 29,548 | 80.8 | 2,968 | 8.1 | 4,055 | 11.1 | 36,571 | 100 |
| 平成22年度末 | 29,114 | 79.9 | 2,963 | 8.1 | 4,373 | 12.0 | 36,450 | 100 |
| 平成23年度末 | 28,803 | 78.6 | 2,890 | 7.9 | 4,966 | 13.5 | 36,659 | 100 |
| 平成24年度末 | 28,233 | 77.2 | 2,924 | 8.0 | 5,407 | 14.8 | 36,564 | 100 |
| 平成25年度末 | 27,465 | 76.2 | 2,948 | 8.2 | 5,629 | 15.6 | 36,042 | 100 |
| 平成26年度末 | 27,041 | 75.5 | 2,876 | 8.0 | 5,903 | 16.5 | 35,820 | 100 |
| 平成27年度末 | 26,587 | 74.5 | 2,882 | 8.0 | 6,234 | 17.5 | 35,703 | 100 |
| 平成28年度末 | 26,449 | 73.9 | 2,801 | 7.8 | 6,546 | 18.3 | 35,796 | 100 |

里親等委託率

※『里親等』は、平成21年度から制度化されたファミリーホーム
（養育者の家庭で5～6人の児童を養育）を含む。ファミリーホームは、
平成28年度末で313か所、委託児童1,356人。多くは里親、里親委託児童からの移行。
出典：厚生労働省「福祉行政報告例」各年版（※平成22年度の福島県の数値のみ家庭福祉課調べ）

人の赤ちゃんの母親は外国人で、外国籍の保護者の家庭ということになります。母親の国籍は、中国が多く、次いでフィリピン、ブラジル、韓国……となっています（表8−4）。

　母子保健や保育・教育の現場では、外国籍の人々が共に生活している実態が明らかになっています。保育者等は各家庭やその子どもたちがもつ多様性を尊重し、多文化共生の保育を進めていくことが求められています。

表8−4　日本における外国人の人口動態

| 国籍 | 出生数（母の国籍別）（人） | | | 死亡数（人） | | |
|---|---|---|---|---|---|---|
| | 総数 | 男 | 女 | 総数 | 男 | 女 |
| 総　　数 | 16,666 | 8,571 | 8,095 | 7,158 | 3,857 | 3,301 |
| 韓国・朝鮮 | 874 | 462 | 412 | 4,749 | 2,498 | 2,251 |
| 中　　国 | 6,495 | 3,331 | 3,164 | 723 | 384 | 339 |
| フィリピン | 1,781 | 894 | 887 | 178 | 50 | 128 |
| タ　　イ | 108 | 60 | 48 | 54 | 14 | 40 |
| 米　　国 | 265 | 153 | 112 | 216 | 144 | 72 |
| 英　　国 | 35 | 18 | 17 | 38 | 28 | 10 |
| ブラジル | 1,601 | 795 | 806 | 221 | 149 | 72 |
| ペ ル ー | 394 | 205 | 189 | 67 | 38 | 29 |
| その他の国 | 5,113 | 2,653 | 2,460 | 912 | 552 | 360 |

| 国籍 | 死産数（胎）（母の国籍別） | 婚姻件数（組） | | 離婚件数（組） | |
|---|---|---|---|---|---|
| | | 夫 | 妻 | 夫 | 妻 |
| 総　　数 | 483 | 4,453 | | 1,177 | |
| 韓国・朝鮮 | 37 | 421 | 406 | 151 | 135 |
| 中　　国 | 126 | 847 | 916 | 573 | 593 |
| フィリピン | 86 | 158 | 461 | 2 | 75 |
| タ　　イ | 4 | 22 | 62 | 24 | 35 |
| 米　　国 | 21 | 601 | 392 | 15 | 3 |
| 英　　国 | − | 45 | 18 | 2 | 2 |
| ブラジル | 41 | 719 | 628 | 71 | 47 |
| ペ ル ー | 10 | 104 | 120 | 34 | 29 |
| その他の国 | 158 | 1,536 | 1,450 | 305 | 258 |

注：外国人とは、「出生・死産」は両親とも外国籍のもの又は嫡出でない子のうち母が外国籍のもの、「死亡・乳児死亡」は死亡した者が外国籍のもの、「婚姻・離婚」は夫婦とも外国籍のものをいう。
出典：厚生労働省「人口動態統計」2017年

第**8**章 多様な家庭形態とその理解

# 第2節　援助にあたってのポイント

## 1. 保育所保育指針、幼保連携型認定こども園教育・保育要領、幼稚園教育要領をふまえた援助

2017年告示の保育所保育指針と幼保連携型認定こども園教育・保育要領の各第4章には、「保護者に対する子育て（の）支援を行う際には、各地域や家庭の実態等を踏まえるとともに、保護者の気持ちを受け止め、相互の信頼関係を基本に、保護者の自己決定を尊重すること」（※（ ）は幼保連携型認定こども園教育・保育要領の文言）とされています。また、先にも述べたように、「外国籍家庭など、特別な配慮を必要とする家庭の場合には、状況等に応じて個別の支援を行うよう努めること」とされています。

指針や要領で基本を確認しましょう。

幼稚園教育要領の第2章には、「文化や伝統に親しむ際には（中略）、異なる文化に触れる活動に親しんだりすることを通じて、社会とのつながりの意識や国際理解の意識の芽生えなどが養われるようにすること」と述べられています。すなわち、保育者の価値観を押しつけることは、援助とはいえません。

また、子どもの保育について保育所保育指針の第2章では、「子どもの国籍や文化の違いを認め、互いに尊重する心を育てるようにすること」「子どもの性差や個人差にも留意しつつ、性別などによる固定的な意識を植え付けることがないようにすること」として、個人差を尊重する保育のあり方について述べています。さらに、幼保連携型認定こども園教育・保育要領の第1章では、園児の園適応に関して、次のように示しています。「海外から帰国した園児や生活に必要な日本語の習得に困難のある園児については、安心して自己を発揮できるよう配慮するなど個々の園児の実態に応じ、指導内容や指導方法の工夫を組織的かつ計画的に行うものとする」。また、第4章には「教育及び保育並びに子育ての支援に関する知識や技術など、保育教諭等の専門性や、園児が常に存在する環境など、幼保連携型認定こども園の特性を生かし、保護者が子どもの成長に気付き子育ての喜びを感じられるように努めること」とあります。

これらの考え方をふまえ、多文化共生社会を見すえた対応が求められています。

ふりかえりメモ：

### 2. 多様な家庭形態に合わせた支援の実施

　内閣府（2018）は、地域の実情と課題を踏まえ、妊娠・出産、乳児期を中心とする子育てに温かい社会づくり・機運の醸成の取り組みを支援することを目的として、「地域少子化対策重点推進事業」を募集し、交付金などで援助しています。事業の実施にあたっては、4つの留意点を明記しています。

> ①性別役割分業意識など特定の価値観を押し付けたり、プレッシャーを与えたりすることがないようにすること。
> ②性的指向・性自認の多様性や、多様な家庭形態等があることなどに配慮すること。
> ③誰から、どのような内容の支援を受けたいかについては様々であることに留意すること。
> ④「個の侵害」に当たるようなものは厳に慎むこと。

　多様な家庭形態に合わせた支援に社会全体でとりくむ必要があります。

## 第3節　多様な家庭の援助につながるアセスメント

### 1. 養育に関するアセスメント

　保護者の困っていること、保護者と子どもの実態について、具体的にとらえることを「養育」に関するアセスメント[*1]といいます。保護者の養育のよい面、改善が必要な側面、親子関係について、情報を集めて理解したうえで記録します。
　多様な家庭の保護者について、「養育」に関するアセスメントを実施することによって、保護者自身のファミリー・アイデンティティや自己の中核に働きかけることが可能になります。保護者の顕在的、潜在的ニーズに合わせて、コミュニケーションをとることが可能になり、相談に応じることや、子育ち・子育ての支援につなげます。

[*1] アセスメントでは、相談者が抱いている困難やその背景について現状把握をし、支援目標やプロセスについて見通しを示すことが求められます。そのための記録は欠かせません。

### （1）情報の収集

養育者としての保護者の態度や養育スキルの実態、子育てに対する知識、子ども理解、または養育がうまくいかない精神的原因や行動的要因、状況要因などについて、あらかじめ情報を集めておきます。日ごろから一人一人の保護者や親子関係をよく観察する、話を聞く、子どもから情報を得ることなども必要です。その家庭について、保護者から情報を集めるだけでなく、保育の場での対象児の具体的な姿、行動、言動、関係性についての情報がアセスメントとして役立つことがあります。

養育上の困難だけに焦点をあてるのではなく、親子の状況について、生かしたい特徴（強み）はどこにあるか、リスクはどこにあるのかについて明確化することによって、保護者が困難な状況を乗り越え、よりよい養育に向かうヒントにつながります。

家族構成をジェノグラム[*2]で図にし、どのような人々とネットワークをもっているかをエコマップ[*3]で表現しておくと、家族の状況がよりはっきりと見えてくることでしょう。

情報収集の際には、「先生に話を聞いてもらえた」と保護者に感じてもらえるような工夫をすると、保護者の安心につながります。ところが現場では、「まちがっていると決めつけられて、自信がなくなった」「根堀り、葉掘り聞かれて、責められているような気持になった」とか、「どうしてこんなことを先生が聞くのか、釈然としなかった」など、保護者が不満を感じることもあります。保育者が保護者とよい関係を維持しつつ、状況を理解する工夫が必要です。

[*2] 家族の構成や家族員の関係を図で示したものです（第6章 p.103～104 参照）。

[*3] 個人や家庭を中心として人的ネットワークや支援のネットワークを図で表し、生態学的環境を視覚的にとらえます（第6章 p.103～104 参照）。

### （2）ガイダンス

多様な家庭にはさまざまな背景があります。親子を取り巻く環境や状況によっては、はからずも不適切な養育に至ってしまうケースがあります。その一方で、「子どもにとって良い、悪い」という判断基準が乏しいがゆえに、養育力が低下していると考えられることもあります。前者の場合は、保護者の内面に寄り添う支援が必要になります。後者の場合は、子育ち・子育ての内容や方法など、具体的な養育的働きかけやその意味についてガイダンスする必要があります。保育中の子どもの発達の姿をていねいに伝えること、保育者が養育のモデルになることが求められます。

## 2. 養育のアセスメントと支援を循環させる

多様な家庭を支援する場合は、それぞれの保護者と信頼関係を築くことと

養育のアセスメントを両立しなければうまくいきません。保護者が「先生に話を聞いてもらえてよかった」と感じるとともに、養育の良い面（強み）に自信を担保しつつ、自ら改善していけるようになることが理想です。保護者の子育てのスキル、知識、自己コントロール、ストレスの状況、対人関係の変化を記録し、評価を生かしつつ支援をより良いものに改善しましょう。

　ただし、保護者が支援を求めない事例があることを忘れてはいけません。たとえば、父子世帯の父親は相談相手が少なく、相談相手を求めるのは半数程度という結果について先述しました。保護者から支援を求められてはいないものの、早めに養育を支援することが必要になるケースは、潜在的なニーズをもつケースです。効果的に働きかけることで、保護者の養育力向上につなげることができます。そのような場合には、どのように支援に結びつけたらよいか、適切な支援のきっかけづくりをチーム全体で検討する必要があります。

---

・「養育」のアセスメントで見るべきポイント
①保護者のもっている養育の強みはどこにあるか。
②コミュニケーションがとれているか。
　園での子どもの様子を伝えるとともに、保護者が家庭での子どもの具体的な場面について話せるような機会をもち、保育所全体で情報の収集に努めます。
③保護者は子どもが依存できる対象になっているのか。
　園での子どものエピソードなどを保護者に話す際に、子どもの気持ちに気づけるような話題を盛り込み、親子関係を育みます。
④養育のモデルをもっているのか。
　保育者が子どもと関わる場面を作り、保護者の養育モデルとして機能することも必要です。

---

　その結果、潜在ニーズが顕在化し、保護者から養育の悩みや迷いとして、疑問や相談事が持ちかけられた時点で、ガイダンスに発展させ、具体的な子育ち・子育ての支援につながっていきます。

# 第8章 多様な家庭形態とその理解

 ……………………………… 演習課題

**Q** 本章で学んだ「ファミリー・アイデンティティ」について具体的に考えてみましょう。

**ホップ**　あなたにとって家族とはどの人をさしますか？（同居・別居は問いません）。あなたの考える家族メンバーを挙げて書き出してみましょう。

———————————————————————————————
———————————————————————————————
———————————————————————————————

**ステップ**　家族から世話してもらう必要があるメンバーは誰でしょう。「そのメンバーについて、「具体的な支援方法・内容」についてまとめてみましょう。

———————————————————————————————
———————————————————————————————
———————————————————————————————

**ジャンプ**　「保護者の養育に関するアセスメント」として、家族のメンバーの強みと改善が必要な点を書き出してみましょう。

———————————————————————————————
———————————————————————————————
———————————————————————————————

**演習のヒント**
　自らの家庭生活を振り返ってみながら、多様な家庭に対応する時の保育者の働きかけについて、この章を読み返して考えてみましょう。

● 発展的な学びにつながる文献

・菊池聡『〈超・多国籍学校〉は今日もにぎやか！　多文化共生って何だろう』岩波書店　2018年
　横浜市の公立小学校に勤務する、さまざまな国から日本に来た子ども達とその保護者とともに地域と学校との連携に努めてきました。相手を尊重し、親身になって寄り添う姿勢の大切さがわかります。

・徳田剛・二階堂裕子・魁生由美子編『地方発外国人住民との地域づくり　多文化共生の現場から』晃洋書房　2019年
　多文化への対応の実践事例から、現状を具体的に理解することができます。生活基盤を整備するうえでの課題、教育とキャリア形成における日本の課題について、理解が深まります。

・「外国につながる子どもたちの物語」編集委員会編　まんが・みなみななみ『まんがクラスメイトは外国人　入門編―はじめて学ぶ多文化共生』明石書店　2013年
　　ベトナム、中国、ブラジルから来た中学生とその保護者との交流を通して、どのようにしたら多文化共生の社会に近づくことができるのか、わかりやすく理解することができます。

【参考文献】

釜野さおり「性愛の多様性と家族の多様性―レズビアン家族・ゲイ家族」牟田和恵編『家族を超える社会学―新たな生の基盤を求めて』新曜社　2009年　pp.148-171

厚生労働省「平成29年国民生活基礎調査の概況」2017年
　　https://www.mhlw.go.jp/toukei/saikin/hw/k-tyosa/k-tyosa17/

厚生労働省「平成29年人口動態統計（確定数）の推定」2017年
　　https://www.mhlw.go.jp/toukei/saikin/hw/jinkou/kakutei17/index.html

厚生労働省「平成28年度全国ひとり親世帯等調査」2017年
　　https://www.mhlw.go.jp/stf/seisakunitsuite/bunya/0000188147.html

厚生労働省 2016「第9回児童虐待対応における司法関与及び特別養子縁組制度の利用促進の在り方に関する検討会資料　里親及び特別養子縁組の現状について」2016年
　　file:///C:/Users/User/AppData/Local/Microsoft/Windows/INetCache/IE/O3XL38LW/0000147429.pdf

厚生労働省「里親制度等について」2018年
　　https://www.mhlw.go.jp/stf/seisakunitsuite/bunya/kodomo/kodomo_kosodate/syakaiteki_yougo/02.html

厚生労働省『平成29年改訂版 保育所保育指針』チャイルド本社　2017年

内閣府・文部科学省・厚生労働省『平成29年改訂版　幼保連携型認定こども園教育・保育要領』チャイルド本社　2017年

文部科学省『平成29年改訂版　幼稚園教育要領』チャイルド本社　2017年

内閣府「地域少子化対策重点推進事業実施要領」2018年
　　http://www8.cao.go.jp/shoushi/shoushika/meeting/koufukin/h30/tousho_yosan.html

上野千鶴子「家族の臨界―ケアの分配公正をめぐって」牟田和恵編『家族を超える社会学―新たな生の基盤を求めて』新曜社　2009年　pp.2-26

佐々木掌子『トランスジェンダーの心理学』晃洋書房　2017年

広井多鶴子・小玉亮子『現代の親子問題』日本図書センター　2010年

# 第9章
## 特別な配慮を必要とする家庭

**エクササイズ**　　　自由にイメージしてみてください

　世の中にはさまざまな家庭がありますが、どういう家庭が、特別な配慮を必要とする家庭だと思いますか？　そして、そのなかで虐待が起こりやすい傾向にある家庭とはどういう家庭でしょうか？

# 第9章 特別な配慮を必要とする家庭

**この章のまとめ！**

## 学びのロードマップ

- 第1節
  病気や精神疾患、身体障害、発達障害、貧困、傷つき体験、虐待などから特別な配慮を必要とする家庭について説明します。

- 第2節
  予期せぬ出来事に遭遇（喪失体験、家族の構成員の変化）したことによって特別な配慮を必要とする家庭について説明します。

- 第3節
  特別な配慮を必要とする家庭を支援する際のポイントを説明します。

## この章の なるほど キーワード

■ **カウンセリング・マインド**…カウンセラーがクライエントに対して、あたたかい信頼関係（ラポール）に満ちた人間と人間の基本的信頼をつくる姿勢・態度。これを支援の心構えとして取り入れてください。

保育者から伝えたいことがたくさんあっても、まずは子どもの話、保護者の話を聴くことを大切にしてください。

# 第1節　特別な配慮を必要とする家庭

　この第9章では、さまざまな生き難さや困り感を抱え、特別な配慮を必要としている家庭について理解を深めます。特別な配慮を必要とする家庭の実情や特徴を知って、適切な配慮や支援ができれば、良好な親子関係や親の養育力の向上に寄与するだけでなく、親との信頼関係の構築の助けとなり、家庭との無用なトラブルも事前に避けることが可能になるでしょう。

　子どもを育てている間、親は自分が子どもだった時の親子関係を自然と想起しやすくなります。多くの親は自分が子どもだった時の親との心地よい時間を思い出すことができますが、そういう想起が難しい親も現実にはいます。子どもを育てるためには、親は自分のことよりも子どものことを優先させなければならないことがたくさんあります。精神的に安定している多くの親は、子育てのなかで子どもを優先させることに喜びを感じることができますが、親自身が孤独で寂しい日々を送っていたり、現在の生活に支えが必要であったり、親の成育歴のなかで、他者から大切にされた経験が少ないなどの事情を抱えていると、自分（親）よりも他者（子ども）を優先させなければならない子育てはつらいものになります。子どもの存在を肯定的に受け入れ、子どものことを親自身よりも優先的に考えられるためには、親自身が誰かから大切にされ自己肯定感を感じられる必要があります。

## 1. 病気や精神疾患のある親子の家庭

　子どもに病気[*1]がある場合、親の心配はいかほどでしょう。夜中に喘息発作を起こして救急病院に駆け込むことがたびたびある、食物アレルギーで子どもの食事には人一倍気を遣わなければならないなど、親は子どものために努力をしますが、健康な子どもをもつ親より子育てにかけるエネルギーは多くなり、負担は大きいです。子どもの健康を考えるため過保護になることもあります。どの親も自分の子どもに豊かな人生経験をさせたいと願っています。

　子ども自身も喘息発作で苦しい経験をたびたびする、食べたいものを食べられないなど、心身への影響は大きいです。親に心配をかけないように痛みや症状をがまんすることもあるでしょう。子どもが育つうえで医療的ケアが必要な子ども（医療的ケア児[*2]）も保育所に入所してきます。

[*1] 子どもの病気にはどんなものがあるのか復習しましょう。

[*2] 医療的ケア児とは、経管栄養の必要があったり、気管切開で呼吸器を使用したりしている状態で、何らかの医療デバイスによって身体の機能を補っている子どものことです。医療的ケア児については第10章を参照してください。

第9章 特別な配慮を必要とする家庭

　親に心身の疾患がある、あるいはどちらかの親が病気療養中だったりする場合、病気を抱えながら育児・家事・仕事をしていくことは至難の業です。こういう家庭では、育児・家事は親の体調に左右されることが多く、子どもへの関わりに一貫性がもてず、その時々の気分で子どもに関わらざるを得ない状態になっています。子どもは親の顔色を見ながら生活しなければならなかったり、親の体調を気遣い、親をいたわったり、がまんしたりするなど、家庭でその子どもの年齢にふさわしい子どもとしての時間を過ごすことができなくなっている場合があります。幼児でも親を気遣ってヤングケアラー*3 の役割を担っている場合すらあります。園では、その子の年齢にふさわしい子どもの時間を保障することが何より大切になってきます。

　ストレス社会といわれる現代では、精神疾患に罹患している親も稀ではありません。精神疾患*4 といってもいろいろな疾患がありますが、みなさんはどんな精神疾患を知っていますか？　親だけでなく、保育者も精神疾患に罹患するおそれがあります。精神疾患については成書*5 やネット等*6 で学びを深めましょう。ただし、ネット情報は情報発信元の信頼性を確かめて利用しましょう。精神疾患の親への支援については、章末の演習問題（p.158）でも考えてみてください。

## 2. 障害のある親子の家庭

### （1）身体障害のある親子の家庭

　子どもに身体障害*7 がある場合は、親は健康な子どもに産んでやれなかったという罪悪感をもっていたり、身内の誰かから非難されたりしている場合もあります。親は子どもの障害を軽減できるよう、さまざまな手立てを考えて努力しています。親が子どもの障害を受容するには、時間と支えが必要です。子どもの障害を受容する親の心理過程についてはいくつかのモデル*8 が提唱されています。それらのモデルを理解し参考にしつつ、目の前の親の気持ちにしっかり寄り添いましょう。

　親に身体障害がある場合は、親自身が成長してくる過程で、さまざまに生活上の不便さを感じたり、社会的スティグマ（烙印）や偏見と闘ってこられたりしています。健常者にとっても大変な子育てをするうえでの困難さについて、時には当事者でなければわかってもらえないという孤立感や被害感を感じて生活しなければならない場合があるかもしれません。子どもにとっても、健常の親の家庭とは生活の仕方が異なる場合があります。親の障害の種類や程度によって配慮や支援も個別に異なってきます*9。

　たとえば、両親とも聴覚障害者であって子どもが健常の場合は、ご両親へ

*3
コラム③「ヤングケアラー」（p.161）を参照してください。

*4
代表的な精神疾患には、統合失調症、うつ病、双極性障害、不安障害、強迫関連障害、身体症状関連障害、摂食障害、人格障害、物質関連・嗜癖障害などがあります。

*5
たとえば…
・日本精神神経医学会監修『DSM-5 精神疾患の分類と診断の手引』医学書院 2014年
・十一元三『子供と大人の面のメンタルヘルスがわかる本』講談社 2014年

*6
たとえば…
・NHK健康チャンネル「こころの病気」https://www.nhk.or.jp/kenko/theme-101/
・厚生労働省「知ることからはじめよう みんなのメンタルヘルス総合サイト」https://www.mhlw.go.jp/kokoro/

*7
子どもの身体障害について復習しましょう。

*8
障害受容には段階説（p.168参照）、慢性悲嘆説、らせんモデル説などが提唱されています。それぞれの説について学びましょう。

*9
親の障害にはどのようなものがあり、どんな配慮や支援が必要か考えてみましょう。

の配慮に加えて、子どもへの音声言語への支援が求められます。福祉行政とつながっていることが多いので、そういった関係機関との連携が大切になってきます。

### (2). 発達障害のある親子の家庭

　発達障害は、外見からわかりにくいうえに、障害と判断される明確な境界があいまいなため、診断の有無や本人の自覚に関係なく、日常生活に支障をきたす程度が強ければ支援が必要になります。また、障害そのものよりも障害によって叱られることが多くなったり、いじめられたりなどで起こる二次的な障害を予防する視点が大切になります。子どもの発達障害については、他の授業で学んでいることと思いますので省略しますが、発達障害やその疑いのある子どもをもつ親は、生まれた時には障害があるとは気づかず、子どもの障害が成長にともなって顕在化してきたり、子どもの能力の一部は優秀な面があったりするために、子どもの障害を認めることが難しくなることがあります。詳しくは第10章で学びます。

　親にも発達障害が疑われる場合があります。親との関わりのなかで、対人コミュニケーションでトラブルになることが多かったり、伝えたはずのことが伝わっていなかったりした場合、親にも発達障害の特性があるかもしれないと考えて、その方が理解しやすい方法で伝えていく工夫をしましょう。

> **おさらいワード　発達障害とは**
>
> 　2005（平成17）年度に施行された発達障害支援法では、第2条に「この法律において「発達障害」とは、自閉症、アスペルガー症候群その他の広汎性発達障害、学習障害、注意欠陥多動性障害その他これに類する脳機能の障害であってその症状が通常低年齢において発現するものとして政令で定めるものをいう」と述べられています。
>
> 　ただし、自閉症、アスペルガー症候群その他の広汎性発達障害は、DSM-5（2014）ではASD（Autism Spectrum Disorder 自閉症スペクトラム障害）となっています。

### 3. 貧困等生活上の困難さを抱えている家庭

　現代社会は人権が大切にされる時代です。そしてマスコミやSNSによって豊かに幸せに暮らしている人の情報が目に入りやすい時代です。幸せそうに暮らしている人がいる。人権が守られている人がいる。そういう時代に、親自身が生活や仕事上に困難さを抱え、職場や生活上で理不尽な扱いを受けていると感じたら、不平等感が募ってきます。そういう不平等感や憤りが攻

第9章 特別な配慮を必要とする家庭

撃となって弱いところ（子ども）や、言いやすく攻撃を受け止めてくれるところ（園や学校）にぶつけられることになります。本来は支援を必要としている人たちですが、支援を受けることは、自分の弱さや困難さを認めることになってしまうために、誰かを攻撃する形で自分を保とうとするのです。

　親自身が日々の生活に追われ多忙な生活を送っている場合、親は子どものことを考えるゆとりがありません。「子どもの貧困[*10]」が問題視されるようになりましたが、貧困がもたらす個人的、社会的ストレスは計り知れず、経済格差が、衣食住といった生活上の基本的な基盤まで子どもから奪うことはあってはならないことです。経済的な理由で、おむつを替えてもらえないまま登園する、食事を十分に与えられない、入浴や着替えをしてもらえないなど、ネグレクトな状態になることもあります。生活に余裕がなくなると、人は被害的・攻撃的になりやすいので、親が子どもにやさしく応答的な関わりをすることも少なくなります。『3000万語の格差』[1)]という本では、子どもが成長の過程で受け取る言葉の量の格差が、子どもの成長に大きな影響を及ぼすことが示されています。

[*10] 2014（平成26）年1月から「子どもの貧困対策の推進に関する法律」が施行されています。p.113のコラム②も参照してください。

言葉の発達に乳幼児期の読み聞かせはとても大切です。

### 4. 親自身の成育歴上に傷つき体験のある家庭

　子育てには、自分が育てられた経験が色濃く反映されます。したがって、親自身の養育上の経験が乏しいと、子育ての再学習をしないかぎり、自身の子育ても同じように貧しくなってしまいます。日常生活を送るうえで保育者が当たり前だと思って話していることでも、親自身の成育歴のなかで経験がないと、言われたことの具体的な内容がわからない場合があります。「やさしく接してあげてください」「遊んであげてください」と言われても、自分がされたことがなければ、どうしたらよいかわからないのです。

　加えて、さまざまな葛藤場面や対立場面に対して、成育歴の過程で、言葉ではなく力づくで解決することを学んできている親は、豊かな語彙力が形成されていないことが多いので、子どもに対して親としての自分の気持ちを上手に表現できません。たとえば、子どもが失敗した時には、「そういう時はこうしたらいいんだよ」と優しく諭すのではなく、親が「どんくさい」「ばーか」としか言わないとしたら、子どもは自己否定されただけで、学習する

ふりかえりメモ：

機会を奪われたまま、また、同じ失敗をすることになってしまいます。愛情表現ですら、乱暴に強く抱いたり、強く頬掏りしたり、暴力的な言葉を使った表現になってしまったりします。

親自身が成育歴上につらい経験や傷つき体験をしていると、他者を容易に信用できません。傷つかないように防衛本能が働いて、他者の言葉を素直にとれず、被害的に感じてしまったり、悪意を感じてしまったりします*11。このような親は、自身の学校生活のなかで、先生という職種と対立関係を経験していることが多く、保育者に対しても初めから不信感をもって関わってくることがあります。

保育者は子どもにとっても親にとっても、初めて出会う先生（支援者）です。親は、初めて身内以外の人と子どもを共に育てる経験をするのです。初めての先生（保育者）と親との関係が、就学後の子どもの担任の先生と親との関係に影響を及ぼします。親自身は先生とは良い関係をつくってこれなかったとしても、自分の子どもの先生が親身に子どものことを考えて関わってくれていることを親が感じることができたら、それは、その親自身のもっている先生（支援者）イメージをも変えてしまうくらい大きな力になります。

## 5．虐待が疑われる家庭

家庭のなかで子どもは弱い立場ですから、親は、親自身のイライラやどうしようもない気持ちを子どもにぶつけてしまうことがあるかもしれません。あるいは、子どもに関心が向かず、十分な世話をしなくなってしまうことがあるかもしれません。しかし、多くの親は自制心が働き、子どもが傷つく前に自分の行為をやめることができます。その自制心が働かなくなるとそれは「虐待*12」になってしまいます。「虐待」をしてしまうほど親が自身の自制心をなくすには、どんな理由があるのか考えてみましょう*13。多くの場合は複数の要因が複雑に影響し合って起きてきます。

虐待をしている親のなかには、虐待ではなく躾（しつけ）だと思っている人もいます。虐待の自覚があってなんとかしたいと思っているけれど、どうにも自分の気持ちのコントロールができず親自身が苦しんでいる人もいます。保育者は日々子どもと関わる仕事ですから、子どもの異変には気づきやすいのですが、保育者が親を責めても問題は解決しません。子どもの様子から親の虐待が疑われたら、すぐに主任・園長に相談しましょう。「虐待を受けたと思われる子ども」を発見した者は速やかに福祉事務所もしくは児童相談所等に通告する義務があります（児童虐待の防止等に関する法律第6条）。

---

\*11
わが子の行動にすら被害的に認知してしまうことがあり、それが第3節の5（p.156）で述べられています。

\*12
虐待には「心理的虐待」「身体的虐待」「性的虐待」「ネグレクト」の4種類があります。現在では両親間のDVを見ることも虐待となります。友田明美は『子どもの脳を傷つける親たち』（NHK出版 2007年）でさまざまな虐待によって脳が変形してしまうことを示しています。

\*13
次のような家庭の場合、虐待が起こりやすい傾向にあります（p.144のエクササイズでイメージした家庭と一致していましたか？）。
・経済的に苦しい。
・孤立した子育てをしている。
・子どもの発達や子育てについて正しい知識がない。
・DV（Domestic Violence）がある。
・望まない妊娠である。

第9章 特別な配慮を必要とする家庭

## 第2節　予期せぬ出来事に遭遇した家庭

　第1節では、日常的に親や子どもに特別な配慮や支援が必要な家庭について述べてきました。第2節では、突然の出来事や家族の構成員の変化を経験したことによって特別な配慮や支援が必要になる家庭について、考えます。

### 1. 喪失体験を経験した家庭

　2011（平成23）年に起きた東日本大震災はまだ記憶に新しいですが、その後も日本は各地で大きな災害に見舞われています。人はどんなに気を付けていても、突然の病気・事故・災害などに会うことはあります。そういう場合、今までの生活が大きく変わります。大切にしていた人やものを失ってしまうこともあります。ふだんの生活では、特別な配慮が必要ではない家庭においても、こういった予期せぬ不幸な出来事にあった場合には、配慮や支援が必要になってきます。

　自分が大切に思っている人やものを失う体験を「喪失体験」といいます。喪失体験をすれば、当然心身の不調をきたします。慣れ親しんだ場所・時間との別離、自分を大切にしてくださった方々との別れも喪失体験です。喪失体験から立ち直っていく過程を「喪の作業（mourning work）」といい、喪の作業には時間と支えが必要であり、個人差があります。

　喪失体験が、ある特定の家族だけの場合は、支援者になる保育者は当事者ではないので、第三者として支援に当たれますが、大規模災害の場合は支援者になる保育者も被災者となったり、保育施設そのものが被害にあうこともあります。被害者支援に関しては多くの成書*14 が出版されています。そういった書物を通して学びを深めましょう。

### 2. 家族の構成員が変化した家庭

　家族が暮らしていくなかでは、父親の単身赴任だったり、祖父母との同居であったり、家族の一員の入園（入学）・卒園（卒業）などいろいろな出来事が起こってきます。家族システム*15 の観点からは、それまでの家族関係や生活パターンが変わる出来事ですので、新しい家族システムが軌道にのるまでは、家族にとってもしんどい状況が起きてきたりします。家族に赤ちゃんが生まれるといった喜ばしい出来事でさえ、家族の今までの生活パターンを変えることになるので、上の子が赤ちゃん返りをしたり、下の子をいじめたり等の問題が起きてきて、配慮や支援が必要になる家庭もあります。

*14
たとえば…
・福岡県臨床心理士会・窪田由紀編『学校コミュニティへの緊急支援の手引き』第2版　金剛出版　2017年
・藤森和美・前田正治編著『大災害と子どものストレス』誠信書房　2011年

*15
親子・家族関係を含めたすべての人間関係は、関係性の問題であり、双方が影響しあって成り立っています。したがって、一方だけに変化を期待するのではなく、他方の変化からも考える視点をもちましょう。

# 第3節 配慮・支援にあたってのポイント

### 1. 傾聴の重要性

**(1)「聞く」と「聴く」と「訊く(尋ねる)」**

　支援において、傾聴の重要性は特に強調されますが、その理由が理解できているでしょうか。「聞く(hear)」「聴く(listen)」「訊く(ask)」の違いも理解できていますか。話を真剣に聴いてもらえる時間は、自分が大切にされていると感じられる時間です。配慮を必要とする家族において親はさまざまな生き難さをもっていますので、親自身が大切にされていると感じられる時間をもつことは心の安定にとってとても大切なことです。

　話すことは自分の気持ちを「離す」「放す」にも通じ、自分の気持ちを発散させたり、自分自身の声を聴きながら親自身が自分の気持ちや考えを整理したりする時間でもあります。保育のプロとして保育者は親に伝えたいことがたくさんありますが、まずは話を聴きましょう。親は、聴いてくれる人がいるから、話をしながら自分の感情や思考の整理ができていくのです。もちろん子どもにとっても同じことが言えます。

　保育者は親から「～ですか?」と質問形で尋ねられると、正しく答えなければならないと思ってしまいがちですが、親は保育者からの答えを求めているのではなく、親の不安な気持ちを受け止めて欲しいだけの場合も多いです。また、沈黙の時間は、話し手が自分のなかで自分と対話している時間の場合もあります。その沈黙を聴くという姿勢も大切にしたいです。

**(2) 支援の基本や原則を確認しよう**

　支援におけるカウンセリング・マインド(「カウンセラーがクライエントに対して、あたたかい信頼関係に満ちた人間と人間の基本的信頼をつくる姿勢・態度。心構え」)[2]やバイスティックの7原則[3]についてしっかり復習しましょう。実際の支援の場で傾聴も含め、これらを意識した関わりができているか、ロール・プレイを通して確認しあいましょう。

　加えて、保育所保育指針(2017年告示)の「第4章　子育て支援」や、幼保連携型認定こども園教育・保育要領(2017年告示)の「第4章　子育ての支援」に述べられている内容も確認しましょう。

# 第9章 特別な配慮を必要とする家庭

> 7つすべてが大切です！

### 重要ワード　バイスティックの7原則

1：個別化の原則（クライエントを個人としてとらえる）
2：意図的な感情表出の原則（クライエントの感情表出を大切にする）
3：統制された情緒的関与の原則（援助者は自分の感情を自覚して吟味する）
4：受容の原則（受け止める）
5：非審判的態度の原則（クライエントを一方的に非難しない）
6：自己決定の原則（クライエントの自己決定を促して尊重する）
7：秘密保持の原則（秘密を保持して信頼感を醸成する）

● ロール・プレイをやってみよう

　3人1組になり、それぞれ保護者役、保育者役、観察者になります。保護者役の人は、自分の経験事例からある保護者の役を演じてください。保育者役の人は、保護者に応答してください。観察者は保育者役の人がどのように応答しているか注意して観察してください。2分経ったら交替し、それぞれの役が終わったら、お互いに気づいたことを話し合います。できれば、教室全体でシェアリングをします。

## 2. アセスメントの重要性

### (1)「できること」と「できないこと」を把握しよう

　すべての家庭への支援は、相手の気持ちへの共感を忘れずに誠意をもって行わなければなりませんが、特別な配慮を必要とする家庭への支援には、共感や誠意だけでは支援にはならず相応の知識と技術、経験が必要です。各家庭への支援について、保育者ができることは限られています。支援者である保育者や園のできること、できないことを知ることも大切なアセスメントです[16]。地域のなかでのさまざまな支援について理解して、情報提供をしたり、関係機関につないだりすることも保育者の仕事です[17]。

　保育所やこども園・幼稚園等の子どもを保育・教育する機関で、特別な配慮を必要とする家庭に対しては、子どもが育つ家庭の衣食住の環境面とそこで暮らす家族の人間関係の両面からのアセスメントが必要になります。個人情報保護の観点からそれぞれの家庭の実態を把握することは難しくなってきていますが、適切な配慮や支援をするためには、守秘義務を守りつつ、複雑になってきている家庭のおかれた環境や状況などの背景情報の把握が以前にも増して重要となってきています。

\*16
配慮や支援をする場合、保育者自身の経験や価値観が影響することがありますので保育者自身の自己理解が必要です。

\*17
必要とするすべての家庭が利用できる支援、子どもたちがより豊かに育っていける支援を目指して、2015（平成27）年4月から「子ども・子育て支援新制度」が施行されました。そのなかの利用者支援事業では、子育て家庭や妊産婦が、教育・保育施設や地域子ども・子育て支援事業、保健・医療・福祉等の関係機関を円滑に利用できるように、身近な場所での相談や情報提供、助言等必要な支援を行うとともに、関係機関との連絡調整、連携・協働の体制づくり等を行うことがめざされています。

### （2）弱いところではなく強みに注目する

　配慮や支援を必要とする家庭では、その家庭の弱いところや支援の必要な部分に注目しがちです。しかし、親や子どもに身体的・心理的な問題があったり、医学上の疾病の診断を受けていたりしても、それはその親や子どもの一部であり、健康で健全な部分を併せもっているのが人間です。その家庭の弱い部分を補完する支援に加えて、その家庭のもつ強い能力や得意な面を伸ばす支援も考えましょう。さらに、家庭の特徴や生活状況のなかで改善が難しい場合、それぞれの構成員が現在の状況を受け入れて、その状況を抱えながらそのなかで自分らしく生きていけるように働きかけることも[*18]支援の1つです。

*18　エンパワメント（Empowerment）：その人のもっている力を引き出したり、力づけたりすること。

## 3. 心の健康という視点から

### （1）話を聴くことが心の健康の回復につながる

　心の健康が保たれなくなると、人は自分のことしか考えられなくなります。自分の視点でしか物事を考えられなくなって、他者の視点に立てず、相手の立場や状況への配慮がなくなってしまいます。子育てで、親は子ども
という他者の視点に立って応答的に関わることが求められます[*19]。しかし、親が自分のことしか考えられないと、応答的な関わりが難しくなります。

　また、親自身や自分の子どものことしか考えられず、一方的に園にクレームを言いに来る親のなかには、他の親や園の立場から物事が考えられなくなっている場合があります。親が他者の視点に立てない状況では、園（他者）からの言い分を伝えても伝わりません。まずは、しっかり親の言い分を聴くことで、表面的な言葉の裏にある本当に親が伝えたいことを理解する努力が必要となります。人は、話を聴いてもらえると心の健康が回復しやすくなります。

*19　2017年告示の保育所保育指針[4)]では、3歳未満児の保育において「応答的」に関わることの重要性が強調されています。また、最近では、親が「子どもを心を持ったひとりの人間と見なす傾向」（Mind-Mindedness マインドマインデッドネス）が、子どもの愛着形成に関与しているという研究（篠原, 2013）[5)]も報告されています。

### （2）親が過剰反応する背景

　私たちは日々さまざまな葛藤や不安を抱えて生きています。心にゆとりがある場合は、その葛藤や不安を一時的に棚上げして生活できますが、生活上のさまざまな困難がある場合は、葛藤や不安が大きくなり心の全体を占めてしまい、抱えておけなくなり、それを言葉や行動あるいは身体で表現します。

　たとえば、子どもが擦り傷をして帰ってきました。園からの連絡は何もありません。親子関係が良好で園の先生を信頼している保護者は、「園の先生

も忙しいし、大したケガでなかったから園の先生も言い忘れたのね」という理解ができます。そして、翌日の登園時に事情をうかがうということになります。ところが、いろいろな事情から不安を抱えられない保護者は、わが子を見てくれていないのではないか、わが子を大切にしてもらえてないのではないかなどの不安がだんだん大きくなって、それがクレームとなります。

　さらに、人はあることにこだわりがあったり、そこにたくさんのエネルギーを割いたりしているとき、そのことが大事にされないと過剰反応を起こしやすくなります。ある言葉や事象で、保育者が理解できないほど親が過剰反応する場合、親がそのことを非常に大切にしていたり、複雑な思い入れがあったりする場合があるので、そういう視点から親の言動を考えてみることも必要でしょう。

## 4．保育所・こども園・幼稚園という場での支援

### （1）保育・教育施設の特性を生かした支援

　2017年告示の保育所保育指針[4]では、「第4章　子育て支援」の「1．保育所における子育て支援に関する基本的事項」で、「保育所の特性を生かした子育て支援」が強調されています。親への保育者からの直接的な支援だけでなく、保育所内に勤務する他の専門職からの支援や、親が保育施設に在籍しているほかの子どもの様子を見たり、他の親子関係を見たり、保育者と子どもの関わりを見たりすることで、親自身が自ら子どもとの関わりを学んでいく機会を提供することも支援の1つです。

　同じく「第4章　子育て支援」の「2．保育所を利用している保護者に対する子育て支援」では、「（1）保護者との相互理解」と「（2）保護者の状況に配慮した個別の支援」が項目として挙がっています。保育所保育指針では「（1）保護者との相互理解」のために保育活動への積極的な参加が奨励されています。また、情報化社会のなかで情報がありすぎて、どの情報がわが子に最適か親にはわからないことも、その親子をよく知る保育者だからこそ、「（2）保護者の状況に配慮した個別の支援」ができるのです。

　また、子育ての問題で悩むことは親を成長させる側面もあります。親に代わって問題解決したり、問題そのものをなくすことだけが支援ではないことに留意し、親として成長することを支えていきましょう。

　親にとっての保育・教育施設は子どもが育つ場であり、相談機関としての機能はそれほど意識されていません。相談に対する敷居が低いので、親は相談し易いのです。最初に相談した時に親が相談して良かったと思えれば、次の支援につなぐことができます。保育施設では、子どもの入園・進級・卒園

に加え年間行事や職員の異動もあります。長期的な支援計画には、こういった保育現場特有の環境や支援の場の変化を考慮に入れた支援計画が求められます。

### （2）親を「一人の人間」としてトータルに理解する

　子どもの最善の利益を考える保育者にとっては、親の養育態度を改善してほしい、もう少し親役割を担ってほしいと思います。しかし、保護者の現在の状況を考えると、それを伝えることで親をさらに追い込んでいってしまったり、親子関係を悪化させるおそれがあったりする場合もあります。保育者は、親の現在の安定を優先することを選択し、それが将来的には子どものためになると理解して支援を行うのですが、子どもの最善の利益を考えると、支援する保育者のなかに、親を優先して支援することで子どもが犠牲になっているのではないかというジレンマが起きています[6) 7)]。

　親は親の顔だけで生きているのではありません。子どもにとっては親ですが、夫だったり妻だったり、子どもからは見れば親でも、子どもの祖父母世代からみれば子どもの位置にいます。また、地域社会のなかでは町内会の役員だったり、仕事場では、職業人としての顔があります。子どもの保育・教育機関では、親役割の側面が強調されてしまいますが、親役割の面だけでみるのではなく、いろいろな場面で努力している一人の人間としてトータルにその人を理解する視点も必要となってきます。小川（2014）は、園での子どもの担任は、親とは「子どもの親」として話をする必要がありますが、立場の異なる主任や園長は、別の側面（職業人、祖父母から見た子ども等）から「親」を支援していく方法を提案しています[8)]。

　医療機関や専門機関などの関係機関を紹介（refer：リファー）するときは、親が「見捨てられ不安」をもたないような配慮が必要です。関係機関が相互に連携し、協力して支援していくことが重要となります。医療機関や専門機関への紹介が子どもにとって必要であったとしても、保護者や家族の同意が得られない場合もあります。解決を急ぎすぎず、各家族の状況に即した配慮や支援が求められます。

## 5．親の生活や生い立ちの理解という視点から

　本来家庭で養われるはずの基本的生活習慣が学べていなかったり、応答的な対応がなされてきていなかったりする子どもには、どのように対応すれば

# 第9章 特別な配慮を必要とする家庭

よいのでしょうか。第1節の4（p.149）で述べたように、親自身が学んできていなかったり、保育者の言っていることがイメージできなかったりする場合があります。そこで、子どもの変化や成長を保育者がていねいに親に伝えたり、親ができる具体的な方法を知らせる必要があります。

次のような2場面で、3歳から4歳の子どもをもつ親にどんな気持ちをもつかを調査した研究があります[9]。

**場面1** 作った食事を子どもがなかなか食べようとしません。好き嫌いが激しく、ちゃんと食べるように言っても言うことを聞かずに口応えします。

**場面2** 買い物の途中「おもちゃが欲しい」とわがままを言って駄々をこね、泣き出してしまいました。どんなに機嫌をとっても一向に応じず、いつまでたっても泣きやみませんでした。

このような2場面において、親がもつ気持ちは大きく3種類（肯定的認知、否定的認知、被害的認知）に分類されました。そして、その反応には母親の自尊感情と育児ストレスが影響していることがわかりました。

---

**3-4歳児の反抗的行動に対する母親の認知**
- 肯定的認知：「子どもらしい」「成長した」　｛自尊感情が促進要因
- 否定的認知：「戸惑い」「つらい」　｛育児ストレスが促進要因／自尊感情が抑制要因
- 被害的認知：「子どもにばかにされた」「子どもが私に意地悪をする」　｛育児ストレスが促進要因／自尊感情が抑制要因

---

母親の自尊感情が高いと子どもの行動を肯定的に感じられるけれど、母親の自尊感情が低いと、子どもの行動を否定的・被害的に感じてしまいやすく、また育児ストレスが高いことが否定的・被害的な認知を促進してしまう結果になっています。第1節の3（p.148）で述べたように人権が大切にされる現代社会のなかで、自己肯定感の低い人や現状の生活にストレスを強く感じている人たちは、人一倍、自分も大切にされているという実感を求めています。
しかし、人から支援を受けることは、自分の力で問題解決できないことの

表れであり、自分の弱点を世間にさらすことになり、自己評価を下げることになると考えてしまう人もいます。また支援を受けたら、支援をしてくれた人になにか負い目のようなものを感じてしまうという心理も働いて、支援を避ける場合があります。したがって、配慮や支援の際には、親の自己評価が下がらないように、親の努力を認め、親を肯定的に理解し、子どもの成長を共に喜び、親自身が「自分は誰かから認められている」「自分は役に立っている」という実感がもてるように留意しましょう。

## レッツトライ

**Q** エピソードをもとに話し合ってみましょう。

①エピソード（1）では、お母さん（さくらさん）がうつ病の家庭について述べます。このような家庭に対してはどのような配慮が必要で、保育者としてはどんな支援ができるのでしょうか？　グループで話し合ってみましょう。

### エピソード（1）　産後うつの診断を受けたお母さん

　さくらさんは出産後体調を崩し、産後うつの診断を受けました。通院し服薬をしながらゆうなちゃんを育ててきました。夫も協力的でなんとか生活してきていますが、長く続く妻のうつ病とつきあっていくことに疲れを感じています。

　さくらさんは、調子が良いと近くのスーパーには買い物に行けますが、途中で立っていられなくなることがあるので、必ず付き添いの人が必要です。帰宅後は横になってしまい、しばらく動けない状態になります。調子が悪いときにゆうなちゃんが近寄って来ると、とてもうっとうしく、ゆうなちゃんにきつい言葉をかけてしまいます。ゆうなちゃんは3歳から近くの保育園に入園しましたが、さくらさんの調子が悪いときは送り迎えができないのでお休みをすることが多くなっています。

　保育園をお休みした日、ゆうなちゃんはテレビやビデオ、ゲームづけで一日過ごすことになります。最近ゆうなちゃんは、「ママ、ちゃんとお薬飲んだ？」「ママ今日の気分はどう？」とさくらさんを気遣う言葉を頻繁に言うようになりました。

第9章 特別な配慮を必要とする家庭

  話し合いのヒント

（1）あなたは誰（さくらさん（お母さん）、お父さん、ゆうなちゃん、その他の人）にどのような配慮が必要だと考えますか。
（2）その配慮のためにはどんな支援が必要と考えますか。
（3）グループ内で発表してみましょう。
（4）発表のなかで良いと思った支援について話し合ってまとめましょう。
（5）グループ内のまとめをクラス全体の人とシェアしてください。

②次に示すこういちさん（お父さん）ひろとくん親子のエピソードについて保育者はどのような支援ができるのでしょうか？　グループで話し合ってみましょう。

 エピソード（2）　高圧的な態度のお父さん

> ひろとくんの家庭では、今日はお母さんのお迎えができなくなって、こういちさんが閉園ぎりぎりにお迎えにきました。こういちさんは、お迎えの時間に駄々をこねて泣いているわが子に「うざい」「黙れ」「うるさい」「あっちいけ」といった言葉しか言いません。見かねた保育者が「今日は外でしっかり遊んで疲れちゃったから、早くお迎えにきてほしかったんだよね」と声をかけました。すると、こういちさんから「うるさいなあ、お前は黙ってろ」と言われてしまいました。

  話し合いのヒント

（1）保育者であるあなたは、この後で、こういちさんさん、ひろとくんにどんな言葉がけをしますか。
（2）その言葉がけをした理由をこういちさん、ひろとくん、それぞれに書いてみましょう。
（3）グループ内で発表しましょう。
（4）発表のなかで良いと思った言葉がけについて話し合いましょう。
（5）クラス全体でシェアリングしてください。

● 発展的な学びにつながる文献
- 西舘有沙・徳田克己『知らないとトラブルになる！　配慮の必要な保護者への支援』学研　2014年
  親自身に発達障害がある、精神疾患がある、言語や文化が異なる、虐待やDVのおそれがあるなど、配慮が必要な保護者への対応方法が具体的に紹介されています。
- 小川晶『保育所における母親への支援　子育て支援を担う視点・方法分析』学文社　2014年
  「保育所」に焦点をあて、保育所保育士による母親への支援を具体的に記述しています。母親を親役割だけでなく、トータルな人間として支援することを重視しています。

・大豆生田啓友『ちょっとした言葉かけで変わる保護者支援の新ルール　10の原則』メイト　2017年
　　保育者にとって、悩みの多い保護者のとの関わりをについて、保育現場の"あるあるケース"を例にあげて、より良い関係になるための方法が具体的に紹介されています。

【引用文献】
1）ダナ・サスキンド著（掛札逸美訳、高山静子解説）『3000万語の格差：赤ちゃんの脳をつくる、親と保育者の話しかけ』明石書店　2018年
2）国分康孝「カウンセリング・マインド」国分康孝編著『カウンセリング辞典』誠信書房　1990年　p.79
3）F.P.バイステック著（尾崎新・福田俊子・原田和幸訳）『ケースワークの原則［新訳改訂版］援助関係を形成する技法』誠信書房　2006年
4）厚生労働省編『保育所保育指針』フレーベル館　2017年
5）篠原郁子『心を紡ぐ心　親による乳児の心の想像と心を理解する子どもの発達』ナカニシヤ出版　2013年
6）木曽陽子「気になる子どもの保護者との関係における保育士の困り感の変容プロセス―保育士の語りの質的分析より―」『保育学研究』49（2）　2011年　pp.84-95
7）亀崎美沙子「保育士の役割の二重性に伴う保育相談支援の葛藤―親・子の相反ニーズにおける子どもの最善の利益をめぐって―」『保育学研究』55（1）　2017年　pp.68-79
8）小川晶『保育所における母親への支援　子育て支援をになう視点・方法分析』学文社　2014年
9）中谷奈美子・中谷素之「母親の被害的認知が虐待的行為に及ぼす影響」『発達心理学研究』Vol.17 No.2　2006年　pp.148-158

【参考文献】
伊藤健次編『子ども臨床とカウンセリング』みらい　2013年
青木紀久代編『実践・保育相談支援』みらい　2015年
白幡久美子編『改訂 保育者をめざす人の家庭支援論』みらい　2017年
森則夫・杉山登志郎・岩田泰秀編『臨床家のための DSM-5　虎の巻』日本評論社　2014年
本田真大『援助要請のカウンセリング　助けてと言えない親と子どもへの援助』金子書房　2015年
水野治久監修『援助要請と被援助志向性の心理学　困っていても助けを求められない人の理解と援助』金子書房　2017年
特集「最新・アタッチメントからみる発達」『発達』No.153　ミネルヴァ書房　2018年

第 9 章 特別な配慮を必要とする家庭

**コラム** ココロのイロイロ③

# ヤングケアラーの問題

　ヤングケアラーとは、家族にケアを要する人がいる場合に、家事や家族の世話、介護、感情面のサポートなどを行っている、18歳未満の子どものことです。核家族化やひとり親家庭の増加により、家庭のなかの人手が不足し、子どもであっても大人が担うようなケアの責任を引き受けなければならない状況が生じています。

　日本ケアラー連盟（2017）によると、ケアを要する人が母親の場合、その大半が精神的な問題を抱えているそうです。就学前の子どもが、母親に代わって、下のきょうだいの世話や家事を担い、母親の話の聞き役になることもあります。これは、決して手伝いをする「いい子」には収まりません。年齢に不釣り合いな責任を負い、子どもらしく甘える機会もままなりません。

　子どもたちは、ケアを担うことで自分が役に立っていると感じたり、多くのことを学んだりしています。一方で、ケアすることは「当たり前」ととらえ、「つらい」と感じてもどこにも言えないまま疲労を溜め、長期化すると、日々の生活や情緒的発達にも影響を受けてしまうことがあります。

　支援では、成長期の子どもであることを考慮し、その発達の機会をしっかりと保障することが必要です。そのためにも、周囲の大人が、子どものSOSのサインを見逃さないことが重要です。また、ケアを要する人の病状や、家族の状況、子ども自身のライフステージによっても支援ニーズは変わってくるため、子どもや家庭への継続的な関わりが求められます。

# 第10章
## 発達支援の必要な子どものいる家庭

**エクササイズ**　　自由にイメージしてみてください

　産まれた時の赤ちゃんの平均体重はおよそ 3,000 グラムです。では、無事に成長した赤ちゃんのなかで、もっとも小さく産まれた赤ちゃんは何グラムだと思いますか？

# 第10章 発達支援の必要な子どものいる家庭

**この章のまとめ！**

## 学びのロードマップ

- 第1節
  発達支援を必要とする家庭の実態を説明します。

- 第2節
  発達支援を必要とする子どもを育てるにあたり、保護者が直面する問題について説明します。

- 第3節
  発達の遅れや障害のある子どもをもつ家庭への支援について説明します。

- 第4節
  医療的ケア児を育てる家庭への支援について説明します。

### この章の なるほど キーワード

■**障害の受容**…障害のある子どもへの支援は、早期発見・早期療育が望ましいといわれますが、わが子のハンディキャップを受け入れなければならない保護者の気持ち複雑です。保護者の心情に寄り添った支援が求められます。

近年では、医療の発展によって新生児の死亡率が下がる一方で、発達支援を必要とする子どもは増加傾向にあります。

# 第1節 発達支援を必要とする家庭の実態

## 1. 発達支援を必要とする子どもの増加

　日本で生まれたばかりの赤ちゃんが命を落とすことはめったにありません。日本の周産期医療の水準は世界一です。2018年にユニセフが発表した新生児死亡率の国際比較では、日本の新生児死亡率は1,000人当たり0.9人で、前年度に続き主要国のなかで1位でした。ちなみに米国は1,000人当たり3.7人で、世界平均は18.6人ですから、日本の医療水準がいかに高いかがわかります。

　また、不妊治療を受ける人の割合も日本は世界一で、1980年代に「体外受精」が普及した結果、双子や三つ子など多胎児の出産も増加しました。1960年代には1％ほどであった多胎児の割合が現在では2％近くになっています。

　医療の発展と多胎児妊娠の増加によって、極低出生体重児（出生体重1500ｇ未満）、及び、超低出生体重児（1000ｇ未満）の割合が増加しています。2018年のデータでは、1500ｇ未満で生まれる子どもの割合は0.7％にのぼり、1960年の0.3％と比べると割合が倍増しています。2018年10月、長野県で258ｇの男児が出生し、2019年4月に3300ｇに成長して退院したことが報じられましたが、この事例は無事に成長した赤ちゃんの出生時体重の世界最小記録を更新しています。

　極低出生体重児や超低出生体重児の増加と新生児の救命率が高さは、一方で先天的な異常や、未熟な状態での出生に伴う後遺障害の増加にもつながっています。早産児、特に、在胎週数が28週未満に多い超低出生体重児は、脳性麻痺や知的障害、視力障害などのリスクが高いのが現実です。目立った障害を残さずに成長した場合でも、愛着形成の不全や、学習障害等の発達障害が高頻度で発症するという報告もあります（安藤，2008）。

## 2. さまざまな障害の原因

　医療の進歩が発達支援を必要とする子どもの増加の一因であることは否定できません。しかし、心身の発達の障害を引き起こす原因は多種多様で、多くは原因が明らかになっていません。

　発達の障害のなかでも頻度の高い「知的障害」を例に取ってみましょう。「フェニルケトン尿症」のように知的障害を引き起こす原因が明らかになってい

て、特別なミルクを飲ませることで障害を防げるものもあれば、ダウン症候群のように染色体の異常が原因で心身の発達にさまざまな障害が起こることがわかっていても、予防方法が明らかになっていないものもあります。受精前の遺伝子の問題、胎児期の感染や中毒、仮死、出生後の新生児黄疸や髄膜炎など、発達の障害を引き起こす原因は限りなく存在しますが、原因がはっきりわからない場合の方が多いというのが実情です。

　文部科学省（2015）の調査によると、義務教育段階で、特別支援学校や特別支援学級に在籍している心身に障害のある児童・生徒は2.69％で、通常学級に在籍している発達障害の可能性のある児童の数は6.5％程度とされています。このデータから推測すると、おそらく10％近くの子どもたちが幼児期から何らかの発達支援を必要としているのではないかと考えられますが、そのほとんどは原因がわかっていません。

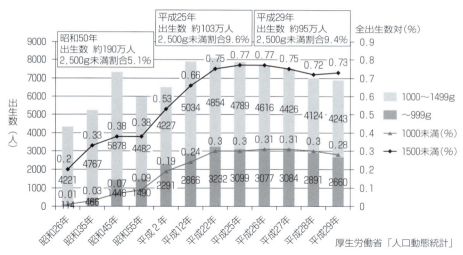

・この40年で、出生数は減少しているが極低出生体重児（1000g～1499g）、超低出生体重児（1000g未満）の割合が増加してきた。
・超低出生体重児（1000g未満）の割合は3倍に増加したが、近年は横ばい傾向である。

図10−1　出生時体重別出生数及び出生割合の推移

出典：厚生労働省　平成30年度医療的ケア児の地域支援体制構築に係る担当者合同会議行政説明資料

## 第2節　発達支援を必要とする子どもを育てるということ

### 1. 見通しのもちにくい子育て

　発達の遅れや障害のある子どもの場合、一人一人の発達の速さやパターンが固有で「成長への見通しがもちにくい」ということが特徴としてあげられます。このことによって保護者は、今の大変さが永遠に続くような錯覚にとらわれます。たとえば「このままずっと寝たきりなのではないか」、「このままずっと歩けないのだろうか」、「このままずっと話せないのだろうか」、「このままずっとこだわりが続くのだろうか」といった具合です。重度の自閉症をもつお子さんを育ててきたある保護者は、発達の見通しがもてず、不安でいっぱいになっていた時代を、「出口の見えないトンネルのなかを手探りで進んでいるような気持ちがしていた」と振り返ります。

　実際には、発達の遅れや障害のある子どもであっても、ほとんどの子どもはそれぞれのペースで確実な成長を遂げていき、できなかったことができるようになり、わからなかったことがわかるようになり、永遠に同じ問題が同じように続くことはありません。一般的な発達の指標を目安にできないために、見通しのもちにくい子育てを余儀なくされ、孤立しがちな保護者を支えるためには、実際の子育てに関わり、子どもの成長を確認し、次の段階への見通しを示す支援が必要です。

### 2. 子どもがもつ保護者の「親らしさ」を引き出す力の弱さ

　初めて親になった時、誰でも最初は子どもにどう接してよいかわからず、抱き方もあやし方もぎこちないものです。しかし何度かぐずっていた子どもを抱き上げてなだめているうちに、子どもが安心して落ち着く抱き方を覚え、子どもにじっと見つめられてついつい笑顔になり、子どもが笑顔を返してくれることであやし方を覚えていきます。

　しかし、発達の遅れや障害があるために人への関心の示し方が希薄であったり、反応が独特であったりする子どものなかには、抱いても泣き止まず（抱くとさらに体を反り返らせて泣く子どももいます）、あやしても笑わず（視線すら合わないこともあります）、保護者がなかなか親らしい対応を獲得できない場合があります。子どもの反応が読み取りにくいので、保護者はうまく子どもの要求に応えられず、子どもはさらに不機嫌や怒りを示す場面が増えていきます。結果的に保護者は「子どものためにこんなにがんばっている

のに…」という無力感にさいなまれます。

　子育て支援に関わる人の多くは、子どもがかわいいと感じられることがあたりまえだと考えています。わが子に対して冷淡に見える態度をとったり、「子どもがかわいいと思えない」と口にしたりする保護者を目の前にすると、つい「実の親なのに…」と批判的な気持ちになります。しかし、なかには子どもの意図や、反応が読み取りにくいために、なかなか「親らしさ」を発揮できない保護者もいることを心に留めておく必要があります。

## 第3節　発達の遅れや障害のある子どもをもつ家庭への支援

### 1. 基本は早期発見・早期療育

　子どもの障害については「早期発見」「早期療育」が望ましいと言われます。発達の早期に障害を発見し、適切な治療や支援を開始することで、その程度を軽くすることができる場合があります。また、不適切な対応によって起こってくる二次障害を未然に防ぐことができる場合もあります。療育機関や相談機関では、子どもの障害や保護者が抱える困難の種類や程度に応じて、専門職（医師、看護師、臨床心理士、ソーシャルワーカー、ST、PT、OT）がさまざまな支援を行います。しかしそういった療育機関が必ずしも身近にあるとは限りませんし、子どもの問題が保護者によって認識され、療育機関の受診につながってからでないと支援は始められません。

　一方、保育者による支援は、保護者が子どもの問題に気がつく以前から始まっていることもあります。また、保育所や幼稚園で子どもに関わる保育者は、保護者と同様に日々の生活のなかで直接子どもの援助を行っていくわけですから、最も身近で、発達の遅れや障害のある子どもを育てる家族の日常を支える役割を担っていると言えるのではないでしょうか。

### 2. 障害を受容する過程に寄り添う支援

　保護者がわが子の障害に気づき、受け止めるプロセスを理解することは、その気持ちに共感し、支援を開始する第一歩といえるかもしれません。ここでは、比較的早期に障害があることが明らかになる場合と、少しずつ障害があることが明らかになっていく場合にわけて、保護者が子どもの障害を受け

止め、向き合っていく過程についてみていきます。

### （1）比較的早期に障害が発見される場合

　出生と同時に障害が発見されるものとしては、口唇口蓋裂、先天性四肢欠損症などがあります。また、出生後1年以内に発見されるものとしては、脳性まひ、盲、高度難聴、ダウン症候群などがあります。一般的に、多くの妊婦が抱える妊娠期間中の不安や身体的負担、出産に伴う苦痛は、出産し、わが子と対面した瞬間に大きな喜びに変わります。しかし、対面した子どもに一見してそれとわかる障害があった場合、母親のショックと悲嘆は大きく、「なぜ」という問いが頭を離れず、後悔の念にとらわれることが多くあります。「どうして健康に産んであげられなかったのだろう」と自分を責めたり、家族や親戚に対して申し訳ないという気持ちをもったりすることもあるでしょう。

　ドローターら（1975）は、先天性の発達の遅れや障害のある子どもをもった親の正常な心理反応として次のような経過を示しました[1]。

| 第一段階<br>ショック | → | 第二段階<br>不安や否認 | → | 第三段階<br>悲しみや怒り | → | 第四段階<br>適応 | → | 第五段階<br>再起 |
|---|---|---|---|---|---|---|---|---|

　ドローターのモデルは具体的場面に即して、次のように考えることができます。

**第一段階**

　まず保護者は、子どもに障害があることがわかると同時に、大きなショックを受けます。一時は何も考えられず、感じられず、つきつけられた事実の重さに心を閉ざしてしまう状態になることもあります。

**第二段階**

　時間を経て、徐々にショック状況から立ち直り始めますが、障害を認めたくない思いが大きく膨らみ「これは現実に起こっていることではない夢のなかのことだ」「これは事実ではない」と思いこもうとする場合すらあります。あるいは「障害が治る」と言ってくれる場所を探してさまざまな医療機関や相談機関を受診したり、宗教に救いを求めたりすることもあります。

**第三段階**

　しかし現実には、障害があること、障害が治らないことを認識し始めると、怒りが湧き上がってきます。「どうして、わが子が」という思いであったり、「いったい自分が何をしたというのか」という疑問であったり、理不尽な現

実を受け入れられず、何かに怒りをぶつけたい、感情的に混乱した苦しい状況といえるでしょう。

**第四段階**

これらの思いを経て、ようやく、現実を歪曲したり目をそむけたりしないで理解しようとすることができるようになり、「障害があってもなくてもかわいいわが子にちがいない」という気持ちで、新しい家族との生活に前向きに喜びを見いだそうとするようになります。

**第五段階**

そして、わが子の成長のためにできること、障害を軽減し、障害がもたらす不利益を最小限にするために必要なことに現実的な対処ができるようになっていきます。

ドローターのモデルでは、このプロセスを経ることによって、どの親も悲しみを乗り越え、新しい価値観を獲得していくことができるように思えます。しかし、この感情の変化は、子どもの年齢、障害の種類・程度、保護者の性格、家族関係などによって変わってくるものであり、時間経過による変化は人によってさまざまです。

また、一連のプロセスを経て、ようやくわが子の障害を受容したように見えても、その状態がずっと続くとはかぎりません。とくに子どもの成長の節目では、現実を目の当たりにし、感情が揺れ動くことは多々あります。幼稚園の入園申込の際に難色を示された時（別の幼稚園に入園を許可されたが）、運動会で全く競技に参加しようとしない姿を目の当たりにした時（翌年はダンスを楽しそうに踊り、先生に手をひかれてリレーにも参加していたが）、就学相談で特別支援学校という選択肢を示された時（地域の小学校に入学が決まったが）といったように、保護者は絶望と希望の感情を繰り返し経験します。わが子の「障害」を受け入れるというよりも、障害のあるわが子とともに生きる自らの人生を受け入れていく、と言ったほうがいいのかもしれません。

### （2）障害の発見に時間がかかる場合

知的障害や自閉症、その他の発達障害で、運動発達の大幅な遅れが伴わない場合には、障害があることに気つくのが早くて1歳すぎ、場合によっては就学時健康診断で初めて発達の遅れや偏りが問題にされることもあります。

家庭にいる時にはそれほど問題にならなかった発達の遅れが同年齢の子どもたちのなかでは顕著になるため、幼稚園や保育所への入園をきっかけに、障害があきらかになることも多くあります。経験を積んだ保育者であれば、

クラスのなかでの子どもの様子を見て発達の遅れや、自閉的な特徴に気づくことは難しくありません。園のすすめで相談機関を受診し、アセスメントや診断を受けることにつながる場合もあります。しかし、保育者が子どもの障害に気がついて療育機関への相談をすすめても、保護者に問題意識が薄いとなかなか受診につながらないばかりか、かえって保護者との関係がうまくいかなくなる場合があります。そういった事態を危惧して、子どもの障害に気がついていても保護者にはなかなか率直に伝えられないという場合も多く、結果的に就学時健康診断で初めて発達の遅れを指摘され、わが子の問題に向き合わざるを得なくなるのです。

田中（2009）によれば、後に発達障害と診断された子どもの保護者の80％以上が、子どもが3歳前の時点で「うちの子どもはどこか周囲の子どもと違う」と気づいています。それでも、その確認のために相談・医療機関を訪れるには今しばらくの時間を必要とします。そして、この気持ちの裏側には、「明日になれば変わっているのではないだろうかという未だ見ぬ育ちへの期待と、現実の子どもの様子への心配が両極端にある」[2]というのです。

子どもに障害があることを、「受け入れる」あるいは「受け入れない」という言い方がされがちですが、徐々に障害があることがはっきりしてくる場合、保護者はわが子が「障害がある子になっていく」過程を不安と期待の間を揺れ動きながら少しずつ体験していくのです。障害のある子どもの発達を支援する立場に立つ者には、子どもへの支援と同時に、保護者がわが子の障害に向き合っていく過程を支援する役割も求められています。

## 3. 親としての発達の支援

繰り返し述べられているように、少子化で子育てのモデルが身近にいない状況や、地域社会の人間関係が希薄化で孤独な子育てを強いられる状況は、多くの保護者に共通した問題です。しかし、それらの問題に加えて、発達の遅れや何らかの障害がある子どもの場合、子ども自身が大人の養護反応[*1]を引き出す力が弱いために、親としての適切な反応を身につけることがむずかしいということがあります。

子どもに障害があるために、なかなか子どもとの良好な関係を作れない保護者にとって、子どもの反応を上手に読み取って、働きかけを工夫する支援者との出会いが大きな救いをもたらすことがあります。障害のある子どものためのデイサービスの利用を始めた保護者が、保育者が遊具を使ってダイナミックに子どもに働きかけている様子を見て「あの子が声を上げて笑うところを初めてみました」と話してくれたことがあります。また、「子どもに話

*1 私たちは一般的に赤ちゃんを見ると「かわいい」と言う感情がわきあがり、守ってあげたい、世話をしたいという気持ちになります。これが養護反応です。誕生後すぐに1人では生きられない未熟な状態である赤ちゃんが、世話や保護を受けられるようにするためのしくみと考えられています。

しかけなさいと言われても、反応が無い子どもに何を話していいのかわからない」と言っていた保護者に、「まずは、今お子さんがしていることを言葉にして実況中継してみたら」とアドバイスし、保育者がやって見せたところ、早速実行し「子どもの行動をよく見るようになったら、うれしいときと、そうでもないときの表情が微妙に違うことがわかるようになったんです」と報告してくれたこともあります。

　デイサービスやグループ指導の場でも、保育者の働きかけによって子どもの反応が引き出される様子や、他の保護者が上手に子どもと関わる様子を見た保護者の多くは、子どもへの働きかけ方を積極的に変えていくようになります。すると保護者の働きかけへの子どもの反応が良くなり、保護者はさらに働きかけを工夫し、親子の関係は短期間で見違えるように好転していきます。親の経験不足にあいまって、子どもによって親らしさを引き出されることが難しく、良好な関係が作れない親子の場合でも、保育者の子どもへの関わりを真似てみることや、具体的なアドバイスを生かすことで、子どもへの適切な関わりを学ぶことが可能になります。

## 第4節　医療的ケア児を育てる家庭への支援

### 1. 医療的ケア児とは

　生まれた時から体に重い障害があり、人工呼吸器や胃ろう等を使用し、たんの吸引や経管栄養などの医療的ケアが日常的に必要な子どもたちのことを「医療的ケア児」と言います。厚生労働省の調査では医療的ケア児は約1.8万人（平成29年度）で10年前の2倍に増加しています（図10−1）。医療的ケア児の障害の程度は、経管栄養のチューブをつけているけれども歩行もできるし知的障害もない子どもから、重い知的障害と身体障害をあわせもち寝返りを打つことも困難な状態の子どもまでさまざまです。

　医療的ケア児の増加にあわせて、保育所等での医療的ケア児の受け入れ、対応が求められています。2016年に改正施行された児童福祉法では、地方公共団体が、医療的ケア児の支援に関して保健、医療、障害福祉、保育、教育等の連携の一層の推進を図るよう努めなければならないことが明記されました。また、厚生労働省は「医療的ケア児保育支援モデル事業」を実施し、看護師等の配置や、保育士のたん吸引等にかかわる研修受講等を支援し、受

け入れ体制の整備を進めています。

　しかしながら、必ずしも医療的ケア児の受け入れが進んでいない実態も明らかとなっていて、厚生労働省が実施した調査では、医療的ケア児の受け入れ数が0人である都道府県や政令指定都市等もあるようです（厚生労働省,2017）。

## 2. 医療的ケア児をめぐる課題

　医療的ケア児を抱える保護者の問題として、「孤独なケア」「家族の疲弊」「仕事に行けない」「外出できない」「災害時の避難場所」「非常時の医療機器電源の確保」などが挙げられます。2017年の厚生労働省の報告では、就学前の医療的ケア児の介護者が睡眠時間をどの程度とれているかという設問に「平均睡眠時間5時間未満」と回答した人の割合が、72%となっています（一般成人の調査では「平均睡眠時間5時間未満」は7%しかいません）。

　元NHKアナウンサーの内多勝康氏が自らの実践と取材にもとづいてまとめた『「医療的ケア」の必要な子どもたち』（ミネルヴァ書房 2018年）という本のなかには、数多くの医療的ケアの必要な子どもを育てる家族の姿がありのままに描かれています。そして、この問題を家族だけに背負わせている限り、安心して子どもを産み育てることのできる社会は実現しえないということを私たちにつきつけています。

　2人の医療的ケアが必要な子どもを介護した母親は、「在宅が始まってからはすわる暇もないくらい医療的ケアに追われ、睡眠も1日2時間から4時間（中略）そんなぎりぎりの生活をし、人に頼る生活をし、外出はできず買い物もネット、化粧をすることもなく、社会からの疎外感を感じていました。それでも、家でわが子と過ごせる当たり前の時間がすごく幸せでした」と語ります。

　現状では、過酷な介護の日々のなかで、体調を崩す保護者が後を絶たず、せめて休息をとれる時間をもてるようにとデイサービスや、レスパイトサービスが少しずつ増えています。また保育所での受け入れや訪問保育も開始されており、在宅で介護者と2人きりで過ごすしかなかった子どもたちが、友達のなかでさまざまな刺激を受けながら経験を広げることも可能になってきました。しかしながら、まだまだ家族、特に母親が負担を抱えるケースが大半を占めており、たとえ医療的ケアが必要な子どもをもったとしても、母親が出産前と同様に仕事を続け、社会とつながりながら「あたりまえに子どもと過ごせる」ための支援が求められています。

# 第10章 発達支援の必要な子どものいる家庭

 演習課題

**Q** 本章のテーマである「発達支援の必要な子どものいる家庭」についてまとめてみましょう。

発達支援を必要とする子どもたちには、どのような子どもたちがいるでしょうか。また、そのような子どもたちがいる家庭で起こりやすい問題と、必要な支援についてまとめてみましょう。

小さく生まれた赤ちゃんを育てる保護者は、子どもとの愛着関係を育てる上でさまざまな困難を抱えやすいと言われています。その理由と、支援の方法について話し合ってみましょう。

子どもに障害があることを認めようとしない保護者に対して、保育者はどのような支援ができるでしょうか。具体的な方法について話し合ってみましょう。

【引用文献】
1）Drotar,D., Baskiewicz,A., Irvin,N., Kennell,J., & Klaus,M. 1975 The adaptation of par-ents to the birth of an' infant with a con-genital malformation, *A hypothetical model. Pediatrics*, 56（5）, 710-717.
2）田中康雄「第2章　障害児保育を医療の観点から考える　第3節　障害のある子の保護者の思い」 鯨岡峻編『最新保育講座15　障害児保育』ミネルヴァ書房　2009年　pp.60-63

【参考文献】
安藤晴「NICUにおける低出生体重児の親子関係の形成に関する看護の役割と課題」『埼玉医科大学看護学科紀要』1（1）19-25　2008年
田中康雄「第2章　障害児保育を医療の観点から考える　第3節　障害のある子の保護者の思い」 鯨岡峻編『最新保育講座15　障害児保育』ミネルヴァ書房　2009年　pp.60-63
内多勝康『「医療的ケア」の必要な子どもたち』ミネルヴァ書房　2018年

# 第11章
## 子どもの精神保健

 **エクササイズ**　　自由にイメージしてみてください

　子どもは、困ったことに直面したときにどのような行動を取ると思いますか？
また、保育者や周囲の大人が、子どもが困っていることに気づくために、どのようなことを心がけたらよいと思いますか？

第11章 子どもの精神保健

**この章のまとめ！**

## 学びのロードマップ

- 第1節
  子どもの生活・生育環境とその影響について、エコロジカルシステムの見方から説明します。

- 第2節
  子どもの心の健康に関わる症状として、心身症状、チック、選択性緘黙、心的外傷（トラウマ）について説明します。

- 第3節
  子どもの成長と回復力を支えるために必要な保育者の関わりについて説明します。

**この章の なるほど キーワード**

■ **レジリエンス**…人の心には困難に出会っても回復する力があります。子どもの最も近くにいる保育者だからこそできるあたたかい援助を心がけていきましょう。

保育者や周りの子どもとの日常的な関わりが、治療の役割をもつこともあります。

# 第1節　子どもの生活・生育環境とその影響

　私たちの生活は、社会とのつながりをもっています。ブロンフェンブレンナー（Bronfenbrenner, U.）により提唱された生態学的システム理論では、人の発達過程を個人と環境の相互作用によるものと考えます[*1]。

　家庭はもちろん、子どもが日中過ごす幼稚園や保育所は子どもにとって最も身近な環境（マイクロシステム）であり、両方で体験したことを子どもなりに取り入れて社会性が培われていくと考えられます。そして、マイクロシステム同士、つまり家庭と園の連携（メゾシステム）によって生活に連続性が生まれます。また、養育者自身の社会との接点（エクソシステム）も間接的に子どもに影響を与えます。子育てと仕事の両立への支援、孤立している子育て家庭への支援が大切なのは、養育者が安心・安全を実感できる環境が子どもにも良い影響を及ぼすことが期待できるからです。そして、私たちが暮らしている文化（マクロシステム）も影響を与えています。さまざまな文化的背景をもつ家庭と接する時に、特に念頭に入れておきたい点です。

　このように、乳幼児期を過ごす環境が心身の発達に大きな影響を与えます。そして、環境だけでなく、本人が生得的にもっている素因や基盤にも注目し、双方がどのように影響し合うのかを見る視点が大切です。

[*1] 人間の発達に影響を与える環境を複数の水準から整理して、発達への影響を考える立場を、発達の生態学モデル（エコロジカルモデル）といいます。マイクロシステムからマクロシステムまで、多水準の環境が、絶えず、子どもの発達に影響を与えていると考えられています。第1章の図1－4（p.25）参照。

### エピソード（1）　経験不足の問題？

　2歳児クラスのあさひくんは、とても怖がりです。水遊びなどを怖がり、パニックのように激しく泣くこともあります。家族の話では、あさひくんは生まれたときからささいなことに敏感で、一度泣くと泣きやむのに時間がかかるのであさひくんが怖がることは無理にさせていないようです。あさひくんの怖がりは、育て方や経験不足から来るものでしょうか？

# 第11章 子どもの精神保健

## 第2節　子どもの心の健康に関わる症状

### 1. 子どもの心の状態をとらえる視点

　子どもは、さまざまな形で内面を表現します。身体の不調や情緒の不安定さ、時には暴力的な言動で表現するので、問題行動ととらえられることもあります。言葉の発達の途上にいる子どもたちにとって、自分が困っていることを自覚し、それを言葉にするのは難しい作業であり、子ども自身が大きな不安のなかにいるかもしれません。このことから、子どもの表面的な行動だけでなく、その前後の流れや、さまざまな背景を総合して理解することが大切です。

　子どものさまざまな行動に対して、医療機関で診断を受ける際の根拠となるのが、「DSM-5（精神疾患の診断・統計マニュアル第5版）をはじめとした疾患の分類です[*2]。これらの分類は、研究報告の積み重ねによって改訂が

> *2
> DSM-5は米国精神医学会による精神疾患の分類で、国際的に標準化されています。また、WHO（世界保健機構）による「ICD-10（国際疾病分類第10版）」も診断の基準として用いられています。「ICD-10」は、身体疾患も含むすべての疾病を分類しており、福祉サービスを受ける際などの基準としても使用されます（現在、新たに改訂されたICD-11の適用を検討中です）。

表11-1　年齢ごとに考慮すべきDSM-5疾患

| 幼児（2～5歳） | 学童期（6～12歳） | 青年期（13～17歳） |
|---|---|---|
| ・注意欠如・多動症（重度であれば3歳以上） | ・注意欠如・多動症 | ・注意欠如・多動症 |
| ・自閉スペクトラム症 | ・適応障害 | ・適応障害 |
| ・コミュニケーション症 | ・素行症 | ・神経性やせ症 |
| ・遺糞症 | ・遺糞症 | ・双極性障害 |
| ・知的能力障害（知的発達症） | ・知的能力障害（知的発達症） | ・神経性過食症 |
| ・反抗挑発症 | ・不眠障害と睡眠時随伴症 | ・素行症 |
| ・選択性緘黙 | ・限局性学習症 | ・持続性抑うつ障害（気分変調症） |
| ・分離不安症 | ・うつ病 | ・知的能力障害（知的発達症） |
| ・限局性恐怖症 | ・強迫症 | ・不眠障害 |
|  | ・反抗挑戦症 | ・全般不安症 |
|  | ・心的外傷後ストレス障害 | ・限局性学習症 |
|  | ・トゥレット症（チック症） | ・うつ病 |
|  | ・抜毛症 | ・閉塞性睡眠時無呼吸低呼吸 |
|  | ・社交不安症 | ・強迫症 |
|  | ・限局性恐怖症 | ・反抗挑戦症 |
|  | ・身体症状症 | ・パニック症 |
|  |  | ・心的外傷後ストレス障害 |
|  |  | ・トゥレット症（チック症） |
|  |  | ・抜毛症 |
|  |  | ・統合失調症 |
|  |  | ・社交不安症 |
|  |  | ・限局性恐怖症 |
|  |  | ・身体症状症 |
|  |  | ・物質使用障害 |

出典：Robert J. Hilt／Abraham M. Nussbaum 原著（高橋三郎監訳、染矢俊幸・江川純訳）『DSM-5児童・青年期診断面接ポケットマニュアル』医学書院　2018年

重ねられており、脳科学研究の進歩によって、心因性と考えられていたさまざまな症状にも脳の機能的な異常などが認められることがわかってきました。このことからDSM-5では「もともと器質的な基盤がある個体が、強いストレスにさらされたときに、さらに器質的な変化が引き起こされ精神症状として発現する[1]」と考えます。つまり、本人がもっている素因や基盤があり、そこに家庭環境などが影響し合ってさまざまな症状を形成すると考えます。

DSM-5にもとづいて診断される疾患は、食事や睡眠など生活に関わるもの、情緒に関わるもの、そしてトラウマとストレス因子による疾患など、多岐にわたります（表11-1）。発達とともに疾患も増えますが、発症するまでの発達過程との関連も考える必要があります。

年齢とともに、さまざまな要因が影響し合い、神経発達症[*3]に由来するものが二次障害として情緒的な問題を呈することもあります。保育においては、乳幼児期に表れる問題が、その後の発達の過程で複雑化することを予防するためにも、家庭や専門機関との連携を考えることが必要です。

原因は1つだけではなく、さまざまなことが影響し合っているのです。

＊3
DSM-5が定義した脳機能の障害がカテゴリーです。知的能力障害、自閉スペクトラム症、注意欠如・多動症、限局性学習症などがここに含まれます。

## 2. 身体症状

学校や習い事へ行く時間になるとお腹が痛くなり、欠席の連絡をすると治るといったように、ストレスや不安、葛藤が身体症状としてあらわれることがあります。「病は気から」というように、身体の不調と心理状態はお互いに反応することが多く、特に子どもは自分の気持ちを言葉で伝えることが難しく、身体症状として不安や葛藤を訴えることが多いと考えられます。

日本小児心身医学会は「『心身症は身体の病気』だが、その発症や経過に『心理・社会的因子』が大きく影響しているもの」と心身症を定義しています[2]。そして、子どもが訴える身体症状には、環境など多様な要因が影響し合っていると考えます（表11-2）。

医療機関を受診しても異常はないと言われ、何度か続くと周囲に仮病だととらえられてしまうこともあります。しかし、本人が自覚しているのは身体

表11-2　小児の身体症状の一般的特徴

| 1 | 特定の器官に固定しにくく、全身反応性 |
|---|---|
| 2 | 両親・環境の影響を受けやすい<br>→易変性・一過性・可逆性・反復性 |
| 3 | 情緒・行動上の問題を伴いやすい |

出典：星加明徳・宮本信也編『よくわかる子どもの心身症』永井書店　2004年

の不調であり、本当に具合が悪いことが多いのです。本人の訴えは嘘ではないと考え、本人の気持ちを尊重した対応が望まれます（表11－3）。

医療機関などで心理的なものによる症状と言われても、原因が思い当たらないこともあります。もし、不安や葛藤と向き合える状態ではない時、その気持ちは行き場を探して、身体症状に置き換えてあらわれているかもしれません（p.180の防衛機制を参照）。不安や葛藤を自覚しても向き合える状態ではないと心が判断しているのですから、心理的要因を探しても見つからないですし、さらに不調を理解してもらえないことがストレスとなってしまいます。不調が起こる状況が特定される時は、そこから一旦離れるなど、不調が楽になる方法を得ることが、不安や葛藤と向き合う第一歩となります。

表11－3 「べからず集」

| 養育者として ||
|---|---|
| ことば | 態　度 |
| またなの<br>うそつき<br>我慢しなさい<br>怠け者<br>勝手にしなさい<br>ごはん食べさせないよ<br>大嫌い | 困惑<br>疑念<br>失望<br>面倒くさい<br>イライラ、せかせか<br>指示的<br>威圧的<br>暴力 |
| 保育者として ||
| ことば | 態　度 |
| 時間がない<br>あなた1人だけ見ていられない<br>頑張りなさい<br>規則だから<br>家庭に原因 | 支配的<br>せっかち |

出典：星加明徳・宮本信也編『よくわかる子どもの心身症』永井書店　2004年を一部改変

自分の言葉づかいをふりかえってみましょう！

> **注目ワード　防衛機制**
>
> 　自我が不安にさらされたり、葛藤状況に置かれたりしたときに自らを守ろうとする無意識のはたらきです。下記のように数種類の防衛機制があると考えられています。ほとんどが意図的なものではなく、無意識のなかで行われるのが特徴です。状況に応じて適度に柔軟に働かせることができる人は、適応的な自我のもち主であるともいえます。
>
> 主な防衛機制
>
> | | |
> |---|---|
> | 退行 | 赤ちゃん返りなど、より早期の発達段階に戻り、その段階で満足を得ようとすること。 |
> | 抑圧 | 考えないようにしたり、欲求や葛藤を無意識のなかへと拒絶し隔離すること。 |
> | 置き換え | ある観念やイメージに向けられていた情動エネルギーが、別の観念やイメージへと移しかえられること。 |
> | 反動形成 | 本来の衝動や感情と正反対の態度や行動をとること。 |

　あるいは、身体の不調を訴えたら心配されて優しく接してもらえたことが、良い体験として印象に残ったとします。この体験から、周囲に優しくしてもらうために身体の不調を訴えるという行動パターンを学習しているかもしれません。その思いに応えるのも1つの方法ですが、不調を訴えることで得られるメリットを他の方法に置き換えることが、解決の糸口となることもあります（認知療法、認知行動療法。下記を参照）。

> **注目ワード　認知療法、認知行動療法**
>
> 　人間の気分や行動が、認知のあり方（ものの考え方や受け取り方）の影響を受けることから、認知の偏りを修正し、問題解決を手助けすることによって精神疾患を治療することを目的とした構造化された精神療法です。「自動思考」と呼ばれる、さまざまな状況でその時々に自動的にわき起こってくる思考やイメージに焦点を当てて、治療を進めていきます。
>
> 　うつ病、不安障害やストレス関連障害、統合失調症などの精神疾患に対する治療効果と再発予防効果が実証されています。精神疾患以外でも、日常のストレス対処、夫婦問題、司法や教育場面の問題、などその適用範囲は広がりを見せています（厚生労働省ホームページ「心の健康」参照）。

　身体症状のなかには、すでに抱えている疾患の症状が、ストレスや心理的要因の影響を受けやすいものがあります。たとえば、喘息やアトピー性皮膚

炎などは、それ自体は疾患であり服薬などの治療を必要としますが、環境の変化やストレスで再発や悪化を繰り返すことがあります。本人が納得できる治療を受けることや、ストレス耐性を高めるためのリラクセーション法など症状と上手く付き合う工夫を見つけることが有効といえます。

 **エピソード (2)　足が痛くて走れない**

> 5歳児クラスのりこちゃんは時々「足が痛い」と足を引きずる様子が見られます。ある日、リレーの練習で負けたときに自信をなくして不安になったのか、「足が痛いから、もう練習できない」と担任に言いました。担任が「いっぱい走ってがんばったからね」とりこちゃんの足をさすって「手当て」をすると、りこちゃんは「もう治ったみたい！」と安心した表情でリレーの練習に戻りました。

## 3. チック

チックとは、まばたきや肩をすくめるような動き（運動チック）がひんぱんに見られたり、本人の意思とは関係なく「あっ」などの声や咳払い（音声チック）がひんぱんに聞かれて周囲が気づくことが多い症状です。幼児期から学童期に見られることが多く、成長とともに症状が消失することが多いようです。DSM-5ではチック症群／チック障害群（Tic Disorders）と呼び、18歳以前に発症して1年以上持続していると、トゥレット症／トゥレット障害となります。

---

**トゥレット症／トゥレット障害の診断基準（DSM-5）**

チックとは、突発的、急速、反復性、非律動性の運動または発声である。
A．多彩な運動チック、および1つまたはそれ以上の音声チックの両方が、同時に存在するとは限らないが、疾患のある時期に存在したことがある。
B．チックの頻度は増減することがあるが、最初にチックが始まってから1年以上は持続している。
C．発症は18歳以前である。
D．この障害は物質（例：コカイン）の生理学的作用または他の医学的疾患（例：ハンチントン病、ウィルス性脳炎）によるものではない。

かつては心理的要因による症状と考えられていたので、現在でも子どもにチックの症状が見られると、育て方が原因ではないかと悩む養育者もいます。しかし、ADHDなどの神経発達症と合併しているケースが一定数認められることや、遺伝的要因も指摘されていることから、脳の機能的障害の1つであり、ストレスなどの環境要因がきっかけで発症すると考えられています。

　子どもは症状を自覚していないことも多いので、周囲が指摘したり、やめさせようとすることで症状が悪化し、長引くことがあります。本人が症状を自覚して気にしたり、登校や登園を渋るなど、日常生活に支障が出る場合には医療機関等への相談を促し、専門的支援につなぐことで症状の改善が期待できます。医療機関では、症状に応じて投薬治療や、症状に伴う不安と上手に付き合うために心理療法を行う場合もあります。

　園生活で子どもにチックの症状が見られたら、まずは普段通りに接しましょう。運動会などの行事や進級、卒園など生活の節目で症状が出ていたら、その子なりに不安と向き合い、対処しようとしているのかもしれません。安心して過ごせる環境を心がけ、もし養育者が育て方などを気にして自責的になっていたら、そうではないことを伝えましょう。

## 4．選択性緘黙

　家庭では会話をしているのに、園や学校など社会的な場面で話すことができない状態が続くことを緘黙といいます。DSM-5では選択性緘黙（Selective Mutism）として不安症群のなかに位置づけられています。

---

**選択性緘黙の診断基準（DSM-5）**

A．他の状況で話しているにもかかわらず、話すことが期待されている特定の社会的状況（例：学校）において、話すことが一貫してできない。

B．その障害が、学業上、職業上の成績、または対人的コミュニケーションを妨げている。

C．その障害の持続期間は、少なくとも1カ月（学校の最初の1カ月だけに限定されない）である。

D．話すことができないことは、その社会的状況で要求されている話し言葉の知識、または話すことに関する楽しさが不足していることによるものではない。

E．その障害は、コミュニケーション症（例：小児期発症流暢症）ではうまく説明されず、また自閉スペクトラム症、統合失調症、または他の精神病性障害の経過中にのみ起こるものではない。

# 第11章 子どもの精神保健

みんなの前で声を出したり、それを人に聞かれることへの不安から話せないことが多いので、話すことを目標とせず、子どもが安心して過ごせる環境に配慮しましょう。言葉以外の方法を使った関わりの工夫は、保育者のコミュニケーション力の向上にもつながります。

「おとなしい子」ととらえられがちですが、困っていることがあっても伝えられないので、不安を察知してもらえる関係性を求めています。また、養育者は「家庭ではよく話しているのに…」と戸惑いを覚えることもあります。養育者がよく話していると思っていても、実際は月齢相当でない場合や、不安を抱きやすい過敏な性格傾向から、神経発達症などを合併していることがあります。日ごろの様子から発達の状況も確認し、発達検査や知能検査など、客観的な評価を受けることも視野に入れて家庭との信頼関係を深めることが大切です。

### エピソード (3) 園でまったく話さないみつきちゃん

4歳児クラスのみつきちゃんは、園ではまったく話をしません。担任は、1人ずつ名前を呼ぶ時にはみつきちゃんとのアイコンタクトや挙手で対応し、表情や身振り、スキンシップなど言葉以外のコミュニケーションを積極的に取り入れています。絵を描くことが好きなので、自由帳に一緒に絵を描いていたら、他の子も一緒に絵を描くようになりました。
ごっこ遊びの仲間に入っている場面も見られ、子ども同士では、会話に頼らないコミュニケーション方法で自然に遊びが成立しているようです。

## 5. 心的外傷（トラウマ）

児童虐待にあたる行為を日常的に受け続けることで、心身にさまざまな影響が出ることはよく知られています。このような、ある出来事から心身に大きな影響を受けることを「トラウマ（trauma）」と呼びます。トラウマとは「個人がもっている対処法では、対処することができないような圧倒的な体験をすることによって被る、著しい心理的ストレス（心的外傷）のこと[3]」を指します。トラウマの原因となる出来事として、虐待のほかに自然災害や暴力、犯罪被害、交通事故、重い病気、喪失体験などが挙げられます。子ども自身はもちろん、養育者がこれらを経験しても子どもが大きな心理的ストレスを受けることになります。

大きな心理的ストレスに起因する反応の1つに、「心的外傷後ストレス障害（Posttraumatic Stress Disorder：PTSD）」があります。子ども（DSM-5では6歳を基準に診断基準が異なります）にもPTSDは認められ、虐待を体験した人のPTSD有病率は30～60％、特に性的虐待を受けた子どもの有病率が高いこともわかっています。

　では、トラウマはどのような形で表れるのでしょうか。表11－4より、感情面や認知面、行動面と広範囲にわたって影響が出ることがわかります。不当で理不尽な体験というのは、大人でも耐え難いものなので、子どもには大人が感じる以上に強い恐怖や不安を伴う体験といえます。さらに、自分の体験やそれに伴う感情を客観的にとらえ、分析する力もまだ発達の途上にいるため、とても大きな混乱状態のなかにいるといえます。

　さまざまな症状は、自分を守るために起こっている感情や行動です。しかし、周囲にはその関係性がわかりづらいこともあります。恐怖や不安のなかで過ごしていると、とても複雑な自己概念を形成することになります。複雑な自己概念をもって周囲との相互作用を始めると、保育者との信頼関係が築きにくい（または誰にでもなついてしまう）、他児との関係でトラブルが多いなど、不安定な関係を築く可能性が高いことは想像に難くないでしょう。表面的な行動で問題児ととらえていないかどうか、神経発達症などと混同していないか、慎重な判断が必要です。

　神経発達症やその傾向をもつ子は、その特性から養育者が子育てに苦慮して虐待的な関わりを受け、心的外傷を体験していることもあります。落ち着きのなさなどがPTSDによるものか、神経発達症によるものかの判別は難しく、双方が影響し合っていることもあります。また、養育者がPTSDを抱えていると、PTSDに伴う感情や行動のコントロールの難しさが子育てに反映され、養育者から子どもへとトラウマが伝達、累積されていくことになります。このことから、子どもと同じように養育者も支えを必要としていることを念頭に置き、子どもの周囲の環境も含めた支援の視点が必要といえます。

　PTSDの治療では「安心感の保障」が最も重要とされます[4]。子どもと家族を対象に、正しい知識や情報を伝え対処法などを知るための心理教育、PTSDに伴う不眠などの症状に対する薬物療法、そして認知療法・認知行動療法などの心理療法を、状況や段階に応じて取り入れます。

# 第11章 子どもの精神保健

表 11 − 4　トラウマが子どもに与える影響

【感情面への影響】

| 1．安全感・信頼感の喪失とさまざまな感情 |
|---|
| トラウマ体験は、子どもにとっては、突然の予期せぬ出来事として体験され、不当で理不尽な出来事でもある。このため周囲の人たちや世の中全体への信頼感を失い、怒りや抑うつの感情を持つ。 |
| 2．感情調節障害とストレス耐性の脆弱化 |
| 感情が無視されたり否定される体験から、感情を適切に制御する自己調節機能の発達が阻害される。このため感情が移り変わりやすく、ささいなストレスや否定的な感情に耐えられず暴発させてしまう。 |
| 3．感情の麻痺と解離 |
| 体験した感情があまりにも強く、耐えられる範囲を超えてしまうと、感情が麻痺してしまう。自分を守るための手立てとして解離症状（自分を外部の傍観者であるように感じる・部分的に記憶をなくす等）に発展することもある。 |

【認知面への影響】

| 1．非機能的な信念 |
|---|
| 不当で理不尽な出来事がなぜ起こったのかという理由をさがすが、当然のことだが見つからないので、「自分が悪かったからだ」というような非機能的な信念を持ってしまう。 |
| 2．自尊感情の低下と自負感 |
| 自責感や恥の感情を抱き、低い自尊感情しか持てなくなる。周囲の人たちとの愛着関係や信頼関係を構築する際にさまざまな障害を引き起こす。 |
| 3．無力感と意欲の低下 |
| 「自分は無力だ」というような非機能的な信念のために、学習やその他の課題で不十分な結果しか出せず、さらに意欲を喪失してしまうこともある。 |

【行動面への影響】※発達段階で認められる行動や、神経発達症と思われることがある。

| 1．多動・注意集中困難・衝動性の亢進 |
|---|
| 著しい恐怖や不安を感じると過剰に警戒的となり、ささいなしぐさや行為に敏感に反応する。不安や恐怖が続くと注意が散漫になり、イライラして衝動的になる。 |
| 2．反抗・癇癪・攻撃的な行動 |
| 不当な出来事への怒りの感情は、不従順な行動、突然の怒りや暴力行為などで表出される。これらはトラウマの原因とは全く違う脈絡で起きることもあるため、問題行動と誤認されることもある。 |
| 3．自傷行為・物質乱用・反社会的行動 |
| 抑うつによって自己評価が低下し、友人関係や異性関係における不適切な選択を助長してしまうことがある。自傷行為や物質乱用へ駆り立ててしまうこともある。 |

出典：国立成育医療研究センター「子どものトラウマ診療ガイドライン」2011 年を一部改変

ふりかえりメモ：

## 第3節　子どもの成長と回復力を支えるために

### 1. レジリエンスとは

　これまで述べてきた症状は一部ですが、いずれも本人の素因や基盤と環境との相互作用から症状をとらえることができます。言い換えると、素因や基盤があっても、環境によって症状が変わる可能性も十分あるということです。

　人の心には困難に出会っても回復する力「レジリエンス（resilience）」があると考えられています。PTSDなども、適切な環境のもとでは回復することが期待できます。また、大変な困難から回復する過程は成長を促進する側面もあり、「心的外傷後成長（Posttraumatic Growth：PTG）」と呼びます。

### 2. 保育者が行う支援

　保育の場では、診断の有無に関係なく子どもが安心・安全を感じられる関わりを実践できることが重要です。そして、保育者の強みは子どもと信頼関係を築けることです。遊びに没頭することや、遊びの環境が保障されること、そして保育者や周りの子どもたちとの日常的な関わりが、治療の役割をもちます。また、子どもの言動の背景を丁寧に読み取って言葉で伝えることが、気持ちを言葉にして伝える力を育てます。専門家につなぐことや、養育者など環境の基盤を整えることも大切ですが、まずは子どもが安心して過ごせる環境への配慮と工夫を大切にしましょう。

 **エピソード (4)　大地震のあとで…**

　大地震を経験したあと、りくくんは、1人でトイレへ行けなくなってしまいました。これは不安や恐怖から自分の身を守ろうとして起こる退行（赤ちゃん返り）であり、健康的な反応です。周囲の大人との安心できる関係を再確認していると考え、担任はりくくんがトイレへ行くときに付き添いました。すると、やがてまた1人でトイレへ行けるようになりました。

　みおちゃんは机をガタガタ揺らしながら地震ごっこをしたり、壊れた家など地震を思わせる絵を描いています。家庭でも同じような遊びを繰り返しており、家族が心配しています。

# 第11章 子どもの精神保健

　みおちゃんの行動は、遊びを通して自分の体験を再現し、落ち着きを取り戻そうとしている姿と考えられます。このような場合、保育者や周囲の大人は「揺れが収まったかな？」など、安心・安全を意識した言葉や、子どもの気持ちに寄り添う言葉をかけてみるとよいでしょう。

　生まれて数年間の間に小さな身体で多くの経験や感情を経験している子どもと、その家族を支援する体制を整えることは、大変な労力を必要とします。その一端を担う保育者は、真剣に向き合うほど精神的に消耗し、保育者自身がうつ病を患ったり、バーンアウト（燃え尽き症候群）に陥る危険性があります。日ごろからストレスとの上手な付き合い方や、心身の健康を保つ工夫を考えることも、保育者としてキャリアを積む上で欠かせません。そして、園長や主任などの管理職、心理士やソーシャルワーカーなど外部の専門家が機能し、保育者も支えられる存在であることが望まれます。

**演習課題**

**Q** ゲームやスマートフォンに依存し、日常生活に支障が出ることは近年の子ども達に身近な問題といえます。WHO（世界保健機構）はゲームへの依存を疾患として認め、2018年に改訂された国際疾病分類（ICD-11）に追加されました。この依存も、1つのことにのめり込みやすい傾向などの素因と、架空の世界に居場所を見つけることになった経緯や環境要因の双方が影響し合って依存症になってしまうと考えることができます。子どものゲームやスマートフォンへの依存を防ぐために周りが配慮することを考えてみましょう。

**ホップ**　まずは自分でスマホへの依存を防ぐためのアイデアを書き出してみましょう。

**ステップ**　自分の考えたアイデアを周りの人と話し合ってみましょう。

スマホへの依存を防ぐための配慮について文章にまとめてみましょう。

..................................................................................................................

..................................................................................................................

..................................................................................................................

●発展的な学びへつなげる文献

- 青木紀久代・野村俊明編『不安(これからの対人援助を考える くらしの中の心理臨床)』福村出版　2015年

　　生活場面でうつの症状がどのように表れるのか、多くの事例や多職種協働の観点、統計資料などを用いて解説しています。同シリーズで「うつ」「トラウマ」「パーソナリティ障害」もあり、精神疾患を抱える保護者理解にも役立ちます。

- 伊藤絵美『イラスト版　子どものストレスマネジメント自分で自分を上手に助ける45の練習』合同出版　2016年

　　認知行動療法にもとづくストレスマネジメントを45のワークを通して体験できます。保育者となる前にストレスとの付き合い方について考え、自分自身や子ども、保護者理解に役立てることができます。

【引用文献】

1）森則夫・杉山登志郎・岩田泰秀編著『臨床家のためのDSM-5　虎の巻』日本評論社　2014年　p.20
2）日本小児心身医学会「小児の心身症 総論」
　http://www.jisinsin.jp/outline.htm
3）子どもの心の診療ネットワーク事業　中央拠点病院　国立成育医療研究センター こころの診療部発行『子どものトラウマ診療ガイドライン』2011年　p.2
4）子どもの心の診療ネットワーク事業　中央拠点病院　国立成育医療研究センター こころの診療部発行『子どものトラウマ診療ガイドライン』2011年　p.26

【参考文献】

特集「子どものトラウマのケアとレジリエンス」『発達』No.145　ミネルヴァ書房　2016年

星加明徳・宮本信也編『よくわかる子どもの心身症－診療のすすめ方』永井書店　2003年

子どもの心の診療ネットワーク事業　中央拠点病院　国立成育医療研究センター　こころの診療部発行『子どものトラウマ診療ガイドライン』2011年

厚生労働省「心の健康」
　https://www.mhlw.go.jp/stf/seisakunitsuite/bunya/hukushi_kaigo/shougaishahukushi/kokoro/index.html

日本精神神経学会監修『DSM-5　精神疾患の分類と診断の手引』医学書院　2014年

高橋三郎監訳『DSM-5　児童・青年期診断面接ポケットマニュアル』医学書院　2018年

氏原寛ほか編『カウンセリング事典』ミネルヴァ書房　1999年

# 索 引

## あ行

愛着（アタッチメント）　31、106
アイデンティティ（自我同一性）
　57
IP　101
アウェイ育児　116
アセスメント　138
アニミズム的思考　38
いじめ　58
一語文　34
医療的ケア児　146、171
エコマップ　103、104
エコロジカルモデル　25
エリクソン　19、58
LGBT　55
延滞模倣　35
エンパワメント　105
親準備性　87

## か行

学習障害　50
家族　96
家庭　96
空の巣症候群　76
感覚運動段階（期）　33
危機　23
虐待　150
ギャング・グループ　49
QOL　74
9か月の奇跡　32
具体的操作期　41、48

形式的操作期　48
傾聴　152
心の理論　38
子どもの貧困　149

## さ行

里親　85、133
三項関係　32
産後うつ　72
ジェノグラム　103、104
自己中心的思考　38
システム論　101
自閉症スペクトラム障害　50
就巣性（留巣性）　30
生涯発達　18
初語　34
自律的道徳性　49
身体症状　178
人生曲線　20
新生児模倣　31
心的外傷（トラウマ）　183
心的外傷後ストレス障害（PTSD）
　184
心的外傷後成長（PTG）　186
心理的発達課題　21
心理的離乳　57
ステップファミリー　71
生殖医療　84
精神疾患　147
摂食障害　62
選好注視法　31
漸成原理　20
前操作期（象徴的思考段階）　35

選択性緘黙　182
喪失体験　151
相対的貧困　113

## た行

第二次性徴　51
第二次反抗期　54
他律的道徳性　49
チック　181
チャム・グループ　50
注意欠陥多動性障害　50
直観的思考段階　38
DSM-5　177
トゥレット症　181
トマセロ　32

## な行

内言　38
ニート　68
認知療法、認知行動療法　180

## は行

バイスティックの7原則　153
8050問題　70
発達加速現象　52
発達障害　50、148
ハヴィガースト　22
ピアジェ　33、48
ひきこもり　69
人見知り　31
ひとり親家庭　131
ファミリー・アイデンティティ
　96、130

不登校　60

不妊　84

フロイト　20

ベビースキーマ(ベビー図式)　31

保育所保育指針　137、155

防衛機制　180

ボウルビィ　31、106

保活　87

母性神話　123

保存課題　38

## ま行

マルトリートメント　130

命名期　35

メタ認知　49

モラトリアム　58

## や行

ヤングケアラー　147、161

養育者世帯　132

幼稚園教育要領　137

幼保連携型認定こども園教育・保育要領　137

## ら行

ライフイベント　20

ライフコース　19

ライフサイクル　18

ライフステージ　19

離巣性　30

レジリエンス　186

レビンソン　22

ローレンツ　31

・編著者紹介

## 青木紀久代（あおき きくよ）

東京都立大学大学院博士課程修了。博士（心理学）。臨床心理士。公認心理師。
お茶の水女子大学 基幹研究院准教授を経て、現在は社会福祉法人真生会理事長。白百合心理・社会福祉研究所所長。

・主な著訳書
『調律行動から見た母子の情緒的交流と乳幼児の人格形成』（単著）風間書房　1999年
『子どもを持たないこころ ―少子化問題と福祉心理学』（共編著）北大路書房　2000年
『保育に生かす心理臨床』（共編著）ミネルヴァ書房　2002年
『親のメンタルヘルス ―新たな子育て時代を生き抜く』（編著）ぎょうせい　2009年
『いっしょに考える家族支援 ―現場で役立つ乳幼児心理臨床』（編著）明石書店　2010年
『実践・保育相談支援』（編著）みらい　2015年
『親－乳幼児心理療法 ―母性のコンステレーション』（共訳）岩崎学術出版社　2000年
『子ども－親心理療法 ―トラウマを受けた早期愛着関係の修復』（監訳）福村出版　2014年
『知のゆりかご　保育の心理学』（編著）みらい　2019年

＜メッセージ＞
福祉の現場で、日々子どもと家庭の支援を実践しています。研究課題の尽きない分野だと実感しています。

---

シリーズ 知のゆりかご
子ども家庭支援の心理学

2019年 8月30日　初版第1刷発行
2024年 3月 1日　初版第7刷発行

編　　集　　青木紀久代
発 行 者　　竹鼻 均之
発 行 所　　株式会社 みらい
　　　　　　〒500-8137　岐阜市東興町40　第5澤田ビル
　　　　　　TEL　058－247－1227 (代)
　　　　　　FAX　058－247－1218
　　　　　　https://www.mirai-inc.jp/
印刷・製本　　サンメッセ株式会社

ISBN978-4-86015-482-0 C3337
Printed in Japan　　　　　　　乱丁本・落丁本はお取り替え致します。

厚生労働省の支援ツールを活用！

# すぐできる化学物質のリスクアセスメント
## CREATE-SIMPLE編

ver.3

中央労働災害防止協会

# CONTENTS

|  |  |  |
|---|---|---|
|  | はじめに ……………………………………………………………… | 1 |
| **PRE-WORK** | CREATE-SIMPLEを入手する ………………………………… | 3 |
|  | CREATE-SIMPLEを使用する前に ………………………… | 8 |
| **STEP 0** | リスクアセスメント実施のための情報収集 …………… | 10 |
| **STEP 1** | リスクアセスメント対象製品の基本情報の入力 ……… | 13 |
| **STEP 2** | リスクアセスメント対象製品の成分に関する情報の入力 … | 16 |
| **STEP 3** | 作業条件等の入力 ……………………………………… | 20 |
| **STEP 4** | リスクの判定 …………………………………………… | 25 |
| **STEP 5** | リスク低減対策の検討 ………………………………… | 28 |
| **STEP 6** | リスクアセスメント結果の保存と閲覧 ……………… | 33 |

- 『職場のあんぜんサイト』に公開されている「CREATE-SIMPLE」は、厚生労働省の委託に基づき、みずほリサーチ＆テクノロジーズ㈱（旧：みずほ情報総研㈱）が作成したものです。
- 本ツールの著作権は厚生労働省が有しています。
- 「CREATE-SIMPLE」を利用する際は、「2019」以降のバージョンの「Microsoft® Excel®」を使用して下さい。